DRAMATURGIA MANIFIESTA CONTRA LA VIOLENCIA PATRIARCAL

Dramaturgia Femenina Costarricense

Dramaturgia Manifiesta contra la Violencia Patriarcal

Dramaturgia Femenina Costarricense

Published by Manifiesto Escenico, 2024.

DRAMATURGIA MANIFIESTA CONTRA LA VIOLENCIA PATRIARCAL

First edition. March 8, 2024.

Copyright © 2024 Dramaturgia Femenina Costarricense.

ISBN: 979-8223936404

Written by Dramaturgia Femenina Costarricense.

Tabla de Contenido

La rabia

Andrea Gómez Jiménez – Costa Rica

Yo podría escribir de remansos y de tus caderas.

Decir de cantos de alondras y praderas.

Participar de tertulias poéticas.

Pero me aburro.

No me meto en lo que no me reta.

Porque nunca me gustó decir seno, si no: teta.

En vez de lampos ambarinos, hablarle a mi vecino

para que me entienda,

para que sienta algo que sustenta

y que alienta.

Algo que tienta.

Algo que toque y que provoque.

Algo que lleve la mano alzada, ambiciosa, agrandada.

Manazo en la quijada, en vez de irnos como si nada.

Retórica pletórica de vulgaridad, de libertad, para pensar y para gozar.

Buscando forma y contenido,

aquí se trata de mover el nido.

Hablar de los sucesos sin lenguaje sucesero.

Hablar de frente,

salida del ropero.

Habla.

Vocifera.

Saca para fuera.

Escoge las palabras que aticen bien la hoguera.

Escoge las acciones que te saquen de nevera:

bajo el límpido azul de tus celos, ella cae muerta.

Violada, abusada, asesinada.

Como si nada. Nadie vio nada.

Levantate.

Despertate.

De la nube del país de paz: bajate.

Aquí la violencia es lo que late,

lo que late por debajo,

lo que pulsa por todo lo bajo,

a unos centímetros de la superficie

y no cuesta nada que alguien lo propicie.

Aquí la ira es la lava que llevamos dentro

y lo que más miedo da

es que yo misma la siento.

Siento la rabia que me corre por dentro

y tengo miedo de cuando me reviento.

La santa ira que te roba el aliento,

saca la sangre a manchar al viento.

La siento en la calle, en el bar, en el concierto.

La siento en la noche, en el barrio aún desierto.

La siento a plena luz, a mi lado, en el asiento.

La siento caminando y en la cabeza.

La siento en los que rezan y en los que, ni a putas, rezan.

La siento cuando manejamos y nos congregamos,

cuando celebramos,

cuando nos juntamos.

En el estadio.

Con los vecinos en un patio.

Cuando nos reunimos en la presa y entre pitos nos volamos la cabeza.

La rabia nos camina como las hormigas.

Harta del futuro que se avecina.

La cordura amanece a la par de la locura.

La locura de comer cuento, casado de cuento, postre de cuento.

Aquí nos sirven siete enanos el almuerzo.

¿No sentís que el café te sabe medio ceniciento?

De tanto repetir ya lo estábamos creyendo:

Que aquí es verde y paz sin que esté sucediendo.

Aquí la ilusión es lo que más se está vendiendo.

Aquí el miedo es el consumo del momento.

Aquí el miedo es el rey del movimiento.

Aquí da miedo lo que pasa y también lo que no pasa.

Aquí da tanto miedo y el tiempo se nos pasa.

Si el miedo no nos mata, por lo menos paraliza.

El pelo se te eriza,

se te congela la risa,

te arrepentís hasta de haber faltado a misa.

Pero al miedo sí hay algo que lo quita:

Aire en los pulmones y la verdad que se grita.

Las ratas callan a la masa porque somos amenaza,

porque aquí lo que sirve es el silencio...

Arriba masa, que si no hablamos: nada pasa.

Prólogo

Recuerdo una tarde lluviosa en que Andre me invitó a tomar café en la soda de Ciencias Sociales, la que estaba en el edificio viejo de la Universidad de Costa Rica. Ella estaba afligida por la dificultad para publicar sus textos. Estaba redactando su tesis donde ponía a dialogar dramaturgas costarricenses de generaciones anteriores con su propia dramaturgia. Sabía que, a lo largo de la historia, nunca ha sido fácil para las mujeres publicar sus textos. Cinco años después ella publica un libro con sus propios recursos, un libro que no es sólo su dramaturgia, sino que incluye los textos de ocho mujeres. Es así como el posicionamiento político e ideológico frente a la violencia de estas nueve escritoras conforman esta Dramaturgia Manifiesta contra la violencia Patriarcal.

"Manifiesto" o "Manifiesta". El primer concepto es sustantivo y el otro es verbo. Esta compilación es ambos. Materializa y posiciona el senti-pensar de estas escritoras en un manifiesto urgente, porque las propuestas teatrales de personas jóvenes, de personas oprimidas por género, por identidad sexual, neurodivergencia y otras disidencias, ya no pueden esperar.

Según el educador popular y dramaturgo Augusto Boal, la diferencia entre una víctima y una persona oprimida es que la víctima no ha sistematizado su opresión, no sabe quién le oprime ni se sabe oprimida. Por esta razón a la víctima no le urge salir de la opresión, mientras que las personas oprimidas distinguen su opresión, la comprenden y constantemente ensayan formas para salir de ella. Para mí, escribir sobre las opresiones que nos aquejan es una forma de florecer, de morir floreciendo, de matar floreciendo, como las plantas lo hacen, cuando sienten que van a morir florecen, así se aseguran de dejar su semilla a merced del ambiente.

Por lo tanto, tómese este manifiesto como un ramo de flores urgentes, que brotan de cuerpos feminizados, afeminados, femeninos y todo lo que conlleva florecer en un contexto patriarcal. En ese sentido, adelanto a quienes suelen incomodarse ante conceptos monstrificados tales como "patriarcado", "feminismo" o "machismo" que esta compilación no pretende ser un panfleto ideológico con verdades absolutas y suplico que se le dé una oportunidad a su lectura, que mucho tiene que ver con lo que nos pasa como sociedad. Lo panfletario que pueda haber en esta antología está contenido únicamente en este prólogo del cual, por cierto, me siento honradísima de que se me haya permitido redactar.

Así también aclaro que la idea de este ramo de flores urgentes no es dar protagonismo al sistema patriarcal ni a quien ejerza violencia en dinámicas de poder. Lo que sí urge es dar foco al posicionamiento auténtico y genuino que comparten las dramaturgas con los lectores, ya sean testimonios propios o "el de una amiga" (por no decir que nos pasó a nosotras mismas). O el de una amiga real. Ficciones o metáforas sobre dolores y sueños, así como preguntas sobre ser adolescente, ser mujer, el tiempo, ser mamá, ser abuela, ser hermana, hasta ser "mujer raíz que ya no espera" o "mamá pata" como plantea Elvia Amador en su texto aquí incluido.

Esta antología me confirmó la idea de que como sociedad normalizamos el hecho de que haya un violador (simultáneamente o no) en la familia, un violador en la escuela, un violador en el servicio de emergencias, un violador en el psiquiátrico, un violador en la iglesia, un violador en el trabajo, un violador en el seguro, un violador en el poder judicial, un violador en nuestra cama, un violador en la pulpería y recordé que la última vez que pregunté, "¿quiénes de ustedes fueron abusados sexualmente antes de los catorce años?" en una reunión casual y recreativa, con diez personas presentes de diferentes géneros y edades, la totalidad levantó la mano. Esto me lleva a concluir que, si diez personas de diez sufrieron abuso sexual en su infancia, estamos viviendo una pandemia emocional, mental y moral como sociedad. Y esta idea sí me espantó y entendí la urgencia de las escritoras de hablar sobre estos temas y se me hizo urgente leerlas todas.

Porque a pesar de los números, el discurso general y moderado de la opinión pública, más o menos educada, es que "el patriarcado no existe" cuando estos textos nos demuestran no sólo que sí existe sino también que el patriarcado somos todos. Que nuestra pobre abuelita a pesar de que nos amaba con el alma y nos hacía tortillas frescas con quesito, reproducía un sistema de pensamiento, político y económico que la oprimía a ella misma sin ella saberlo y sin saber cómo evitar hacerlo más grande.

Estas historias, nos hablan sobre lo confundidas que estamos las mujeres y los hombres frente a estas dinámicas. Sobre estrategias a las que acudimos para sobrevivir con tal de mantenernos civilizados.

Por su parte, Noelia Cruz, en *Estrategas*, nos recuerda una serie de estrategias tiernas y urgentes que asumimos muchas veces los familiares. Estrategias sororas que asumimos las amigas, estrategias individuales y estrategias colectivas frente al miedo cuando una de nosotras debe hacer camino sola, de noche, al salir del trabajo, del estudio o de la fiesta. ¿Por qué tenemos que caminar con miedo? Un personaje en *Tic Tac* nos pregunta si: "¿Es posible que haya un rótulo en mi frente que solamente yo no veo, y que pone mi cuerpo a disposición de todos los pervertidos asquerosos que existen?". Y frente a un evento desafortunado de encontrarnos con un asaltante o depredador sexual, ya sea como mujer o como hombre, ¿debo darle todo lo que tengo, o gritar muy fuerte y correr muy rápido? ¿Debo pegarle en la picha? ¿Y si del susto lo hago mal y me va peor? ¿Andar armada es la mejor opción? ¿Arma de fuego, arma blanca o algo que sólo asuste? ¿Y si del susto lo hago mal y me va peor? ¿Y si es un conocido?

Algunas madres dirían que lo mejor es no resistir y cooperar para sobrevivir, pero ¿cómo será mi vida después de eso? ¿Puedo revertir el dolor? Son preguntas que nos lanzan varias de estas obras, al mismo tiempo que nos lanzan abismos de contradicciones. Por ejemplo, que mientras diseñamos estrategias para no incomodar a la familia, a la abuela que está enfermita, a mi mamá que también fue víctima de violencia, para no incomodarnos denunciando a oficiales de la policía frente a otros policías, las estrategias que aplica el sistema patriarcal (de forma individualizada, en manada o institucionalizada) para hacer uso de tu cuerpo para su beneficio son: empobrecerte por tu género, emborracharte, poner drogas a tu bebida, culpabilizarte, victimizarte, envenenarte, embarazarte, ridiculizarte, congregarte, asaltarte, exponerte, venderte, juzgarte, comprarte, atenderte, cobrarte, pagarte o matarte.

Ante esto a muchas personas (repito: hombres, mujeres y otros) nos dan ganas de desaparecer solas y solos, desaparecer con otras y con otros, aferrarnos a la maternidad o paternidad como si fueran príncipes azules salvadores, darle tiempo al tiempo, estacionarnos en la locura y entregar nuestros cuerpos y mente al consumo de sustancias. Porque como dice Torres en su texto, estamos hartas "de que todo el mundo me recite una y otra vez que tengo "una nueva oportunidad, que la aproveche" ¡ajá claro! pero cuando veo a mi alrededor estoy sola de nuevo."

Finalmente sugiero preguntarnos: ¿A qué nos insta este ramo de flores como llamé a esta iniciativa anteriormente? ¿A matar a todos los hombres o a "convertirnos en lesbianas" como lo han mal entendido y repetido aquellas retractoras del feminismo que a su vez son víctimas de patriarcado? O será, ¿a inmolar nuestros cuerpos frente a cualquier hombre que nos lance un "piropo" en la calle? o, ¿a denunciar por la vía legal todo lo que nos aqueje y esperar años a que se solucione? Pues en mi humilde opinión y basada en lo que reflexioné de cada obra, nos insta a reconstruirnos en colectivo, a estudiar juntos y juntas la opresión que tenemos en común, a incomodarnos valiente y tiernamente y desde ahí crear estrategias y compartir herramientas desde la empatía por todos los seres.

Licda Ixmucané Hernández Morales

ImPaYaso Verde y Malformer

Dedicado a las mujeres latinoamericanas, a las mujeres costarricenses, a las artistas portadoras de voz y a todas aquellas que nos lean.

Agradecimientos

A cada una de las mujeres involucradas en la selección de obras que forman parte del presente libro:

Ana Lucía Rodríguez

Melissa Vargas

Yanuri Villalobos

Ixmucané Hernández

Kathe Morales

Andrea Miranda

Mujeres de Purral o de cualquier lugar

Por Hanna Gómez

(La siguiente canción latinoamericana es cantada por mujer 1-2-3-4 que pueden ser presentadas entre ellas mismas y en algún momento sus voces se unen en canon.)

Todas: Duerme, duerme negrito,

que tu mama está en el campo negrito.

Te va a traer rica fruta para ti

y si el negro no se duerme

viene el diablo blanco y ¡zaz!

Le pica la patita achimcapumcapincapin.

Duerme, duerme negrito,

que tu mama está en el campo negrito.

Trabajando sí, trabajando duramente.

Trabajando sí, trabajando y no le pagan.

Trabajando sí, trabajando y va tosiendo.

Trabajando sí, pa' el negrito chiquitito, pa' el negrito sí.

Mujer 1: Es una adolescente de 13 años, es la niña que tiene que hacerse cargo de sus hermanos menores porque su mamá tiene que trabajar y no le alcanza para pagar niñera o llevar a los niños pequeños a una guardería. Dejó de ir al colegio porque de todas formas no le estaba yendo muy bien, no le estaba alcanzando el tiempo para dar abasto con todo lo que hay que hacer en la casa, incluido ayudarle a sus hermanos a hacer las tareas. Mientras canta la canción trata de dormir a su hermano más pequeño en brazos. No sabe por qué, pero se siente triste, lo que canta no inspira ternura.

Mujer 2: Es una estudiante universitaria. Para mantener la beca tiene que llevar más cursos de los que su salud le permite. Cree que las clases virtuales son una oportunidad para estudiar desde la casa con su hija, pero en el fondo siente que ni está aprendiendo nada ni está siendo una buena madre. Se siente culpable porque de día pasa lidiando con su hija para poder atenderla, sin descuidar las clases y los trabajos que tiene que entregar. Le canta esta canción a su hija lo más dulce que puede, porque necesita que se duerma, para seguir estudiando, pero no le sale muy bien. La bebé se contagia de la tensión de su madre…*(Tomando aire para mantener la calma.)* y en lugar de dormirse *(Respira nuevamente.)* se pone más inquieta.

Mujer 3: Es la abuela del niño que tiene en brazos y que intenta dormir. Se acurruca con el niño queriendo aprovecharlo al máximo como no pudo con sus hijas porque siempre tenía que trabajar. Sin embargo, en realidad tampoco ha podido disfrutar a su nieto. Pasa muy enferma. Ya se pensionó, pero siempre que puede trabajar lo hace y cuida su nieto para que su hija logre seguir trabajando y estudiando. El papá del bebé no ayuda con el cuido porque vive muy largo, solo hace una contribución económica.

Mujer 4: Es la joven que en el colegio o en la universidad, tras su segundo embarazo, decide dejar todo botado y dedicarse solo a trabajar para que su casa y sus chigüines sobrevivan medianamente.

(La siguiente canción puede ser dividida a criterio de las actrices que participen en la obra.)

Esto no se trata de cantar por cantar bonito

si no de responderle a otras y apropiarme de mi voz.

La voz de las mujeres que seguimos divididas por el lugar de que venimos,

la desigualdad social, la religión, el color de piel y la orientación sexual.

No crean que solo por ser mujeres somos todas democráticas,

empáticas, hay bastantes que apoyan el autoritarismo semilla del patriarcado,

amigo del capitalismo, solo pensando pa' sí mismo, sí misma.

Así que amiga a no darle bola al patriarcado.

Ahogado es el llanto de la minoría en la historia de América Latina desde la colonia

y por supuesto sin memoria.

Así que no se trata de venir a hablar solo por nosotras,

sino llegar a unir a la gente que, aunque está muerta, también quedo harta,

cansada, siempre relegada por el opresor.

Aplastada, callada, cegada, envenenada, ignorada y condenada.

¡Aquí no hay ningún ser superior para afuera el despotricador! (*A modo de protesta*)

Ya lo que importa, no es el reclamo al estado que mucho tiempo le han dado,

sino la propia acción y la reunión.

Una conversación crítica

que se cuestione en las calles

Así que ahórrese el me gusta o no me gusta

en las redes sociales

y distanciémonos un momento de ese monitor.

Tanta parafernalia nunca ha sido necesaria.

Conciencia, resistencia, resiliencia, inteligencia,

inclemencia es lo que concilia tanta ignorancia,

tendencia a la imprudencia, la ineficiencia a conveniencia.

Una insatisfacción crónica.

Malas decisiones por la inmediatez.

La estupidez de escuchar solo al que tiene carita hegemónica.

La ratica que no conoce la realidad de la otra, los otros, las otras

Otra vez la ineficiencia a conveniencia.

El asunto es que entre más problema económico

mayor responsabilidad nos toca.

Quieren que seamos heroínas que atiendan a todo el mundo,

pero que también trabajen, estudien y limpien.

Los hijos, la abuela, la suegra, el tata, el primo, el tío,

la tía, cualquiera que se enferma le toca cuidar.

No comer y siempre joven ser.

La belleza una distracción crónica.

Más hijos, más hijos, más hijos, más hijos.

Eso es lo que quieren. Más masa proletaria.

Una madre siempre necesaria, cansada, esclavizada,

asegura más masa enajenada.

Automáticamente más hijos, más hijos,

más hijos, más hijos, más hijos.

Cansadas nos quieren,

casadas nos dicen,

siempre calladas, derrotadas, resignadas.

Mi voz es mi cuerpo, mi cuerpo es mi voz.

Así que ya no quiero nada con vos:

capitalismo, neoliberalismo, autoritarismo, machismo.

Aquí la contención es criar a una hija o hijo sanador,

escucharlo hablar con completa atención.

Respetar su necesidad y enseñarlo a respetar:

nada de grititos, ni de golpes chistositos,

porque así es como se alimenta el autoritarismo.

Enseñarle a distinguir lo que realmente necesita,

que no le vengan a decir lo que tiene que comprar

y cómo se tiene que endeudar.

Instituciones diseñadas para el estilo de vida masculino,

eximido de las responsabilidades del nido

Mujeres indígenas, afrodescendientes y otras minorías más debajo de todas las minorías

y eso que apenas se asoman las mujeres con discapacidad,

las minorías de las minorías.

Callada, teñida, aplastada, estrangulada.

Más lindas en bolsa que libre y empoderada.

Mujer 1 y 2: (*Mujer 3 y 4 ejecutan las acciones*)

Abrazó a su hija como si fuese máquina.

Le retorció los ojos para que siempre hablara de última

o que mejor cerrara la boca como si estuviese muerta.

Se hincó ante su hijo como si fuese un príncipe.

Y atravesó la avenida con su mente cabizbaja.

Prendió la tele y quiso convertirse en otra.

Compró en la avenida como si no hubiera mañana.

Llegó a la estación sintiéndose máxima araña

y trabajó y trabajó solo por pagar el carro.

Viviendo cada domingo como si fuese lunes.

Café tras pastilla hubo una desmayada.

Un carro la arrolló

Frente a la empresa agonizó y nadie la notó.

Murió para sentir que tenía un descanso.

Y la masa trabajadora desequilibrada,

enajenada, explotada.

Capitalismo opresor, positivismo asesor, autoritarismo estrangulador, liberalismo, espejismo, neoliberalismo, machismo. *(A modo de protesta.)*

Todas: Trabajando sí, trabajando duramente.

Trabajando sí, trabajando y no le pagan.

Trabajando sí, trabajando y va tosiendo.

Trabajando sí, pa' el negrito chiquitito, pa' el negrito sí.

Duerme, duerme negrito,

que tu mama está en el campo negrito.

Mujer 1: Esta suerte de canción, rap, obra dramatúrgica, berrinche o lo que quiera que sea,

evidentemente no se ha terminado porque quien escribe posiblemente fue la niña que siempre sintió que no tenía tiempo. Porque se metió el chip de que tenía que limpiar toda la casa antes de irse para la escuela, cuidar hermanos, sobrinas, primas, vecinos pequeños... Lavar la ropa de toda la gente de esa casa. Que tal vez uno nunca sabe, fue abusada por un primo, un tío, un vecino o alguna de esas historias que es muy común en este país y por eso es una irracional que no se ordena en la vida, que tiene pésima autoestima y le da miedo decir que no.

Mujer 2: Que tras de eso también quedó embarazada a medio camino de su realización personal. En muchos momentos cree que puede ser la que deje todo botado y se dedique solo a trabajar y sobrevivir sin pensar.

Mujer 3: Puede ser también la que se siente culpable de no poder dedicarle el tiempo suficiente a su hijo.

Mujer 1: Sí, seguro es de esas que todos los días está buscando un equilibrio entre trabajar, estudiar, cuidar su salud, sentirse joven y bonita, además de guiar a su hijo para que el día de mañana también sea una "persona funcional".

Mujer 4: ¡Ay, sí! Y al rato le pasan las mías que, aunque no hace más que trabajar y estudiar, no le alcanza para comprar cosas básicas como: ropa interior, una cremita o un bloqueador para la cara... Comprarse una que otra blusita con la que se sienta bien.

Mujer 1: ¡O tal vez sí! De vez en cuando se compra lo que necesita, pero sintiéndose muy culpable porque siempre está pensado que en lugar de eso debería de comprar: comida, cosas que los hijos o las hijas necesitan, medicamentos...

Mujer 3: ¡Quién sabe si se cuestiona una y otra vez si debería trabajar más para tener más platica y dejar botada su carrera! De por sí, no está entre la lista de las mejor pagadas.

Mujer 1: "Veneno el dinero, necesario traicionero, lo quiero..." Como diría Belona MC

Mujer 2: (*Se emociona y canta otra parte de la canción*)

Miles de personas siguiendo el mismo ritmo,

compras y aumentas el poder capitalismo,

el egoísmo abarca su ausencia en sí mismo,

egocentrismo fuerte se asombra en su espejismo,

quieren el racionalismo, que solo obtienen

odio sobre sí mismo, ya que el humanismo quiere el liberalismo.

(*Se queda pensativa mientras todas la ven*) ¡Qué loco!

Mujer 1: ¿Qué loco qué? Que veamos las cosas que pasan en otros países y que aún vayamos por el mismo camino.

Momento de silencio incómodo.

Mujer 4: Bueno, pero también la que escribe no terminó la obra porque le parece que está

perdiendo el tiempo en estupideces en lugar de estar abrazando a su hijo o hija ...

Inevitablemente, ver a su madre y otras abuelas es como verse en el futuro. Ve en ellas esa

sensación de frustración, de cansancio, de nunca ser suficiente, de no tener tiempo para dar y recibir amor, o que cuando se tenga tiempo...

Mujer 1: (interrumpe a la mujer 4) "Time", time is money.

Mujer 2: Sí, cuando se tenga "time" o tiempo o vida ya sea demasiado tarde y gane más la enfermedad, el dolor y el efecto de las pastillas.

Mujer 1: Sí, puede ser la misma mujer que escribe o diferentes episodios de la historia de muchas mujeres.

Mujer 4: Puede ser también la historia de "ninguna" porque ya está muerta.

(Todas las mujeres hacen silencio.)

Mujer 3: *(Interrumpiendo el silencio incómodo, pero manteniendo el tono sarcástico.)* O... posiblemente no le pasa nada de esto y es una privilegiada de mierda, o... está delirando porque nada de esto es importante. Mi mamá decía que si usted cada día se puede levantar de la cama, es una privilegiada. Eso es lo único que se necesita para hacer todo lo que una quiere; después de ahí, aunque sea arrastrándose por la casa y por las calles, se hace lo que se tiene que hacer.

Mujer 4: O ya debería de olvidarse de esas tonterías de seguir estudiando y dedicarse a cosas que si le generen dinero y belleza como trabajar en Uber, no sé ... Conseguirse "un sugar daddy" o talvez habría que preguntarle al presidente o alguna otra "figura masculina con autoridad" que si conoce la verdad de lo que le pasa a las mujeres de Purral.

Juguemos en el bosque

Por Elvia Amador

Cuentos escénicos y manifiestos inspirados en el trabajo de la escritora Clarissa Pinkola y el trabajo escénico y textos de Pamela Alfaro, Lucía Alvarado, Fernanda Calvo, Kathleen Muñoz y Elvia Amador

(Vacío.)

(Sonido de fogata.)

Voces en off:

No salgas al bosque...

No salgas...

En el bosque habita un enorme lobo que se come a las personas como tú. No salgas al bosque...

No salgas...

(Sonido de aullido de lobo.)

(Pamela/Caperucita entra al espacio, con su caperuza roja y su canasta llena de hojas secas. Entra asegurándose de estar sola, de no ser seguida por nadie. A su paso va dejando un camino de hojas secas. Avanza en una línea siempre asegurándose de no ser seguida. Las hojas secas dejan una estela diagonal desde la derecha hasta el fondo.)

La herida

(Voz en off de Pamela mientras Pamela/Caperucita transita la escena.)

Me tapé heridas porque nadie quiere verlas.

Me atreví a tenerlas escondidas y comenzaron a gustarme: su olor, su sabor, cómo se ven, cómo se transforman.

Me encariñé con ellas y cuando nadie estaba cerca las saqué a tomar el sol. Se refrescaron cuando las tocó el viento y dejaron de arder cuando las mojé... respiraron, se calmaron. Me acostumbré a sentirlas, siempre vivas, mientras yo tenía cualquier conversación con cualquier persona. Mientras yo vivía mi vida normal ellas estaban ahí, haciéndose sentir, manifestándose.

(Aullido del lobo.)

La herencia

(Lucía/La huesera entra al espacio y se mueve, lentamente, de izquierda a derecha, como siguiendo una línea. Viene cubierta desde la cabeza con pieles de animales, está descalza, arrastra un saco pesado lleno de piedras de río del tamaño de su puño. Su gesto es inicialmente impávido, con el brazo estirado y su dedo índice señala el camino en su horizonte.)

Lucía/ La huesera: (con voz gruesa y desgarradora) HAY UNA VIEJA QUE VIVE EN UN ESCONDRIJO DEL ALMA, QUE TODOS CONOCEN, PERO MUY POCOS HAN VISTO. COMO EN LOS CUENTOS DE HADAS DE LA EUROPA DEL ESTE, LA VIEJA ESPERA QUE LOS QUE SE HAN EXTRAVIADO; LOS CAMINANTES Y LOS BUSCADORES, ACUDAN A VERLA.

ES CIRCUNSPECTA, A MENUDO PELUDA Y SIEMPRE GORDA. Y POR ENCIMA DE TODO DESEA EVITAR CUALQUIER CLASE DE COMPAÑÍA. *(La huesera grita, luego grita Lucía como despertando de una pesadilla. Se sacude el disfraz de la Huesera.)*

Lucía: Siempre tengo la misma pesadilla: un hombre viene a mi casa, se queda a tomar café y decide marcharse, pero antes de irse me corta las piernas... Y cuando yo quiero gritarle, decirle que no me corte...que yo solo me quiero mover y no puedo... *(Trata de decir algo, pero se empieza a ahogar.)* ... me doy cuenta de que también me cortó la garganta porque no puedo decir ni una palabra... *Pausa.*

Pero esos son solo sueños. A mí me da más miedo la realidad...

Manifiesto introductorio.

(Mientras va sacando las piedras del saco, las alinea a modo de árbol genealógico. Cada pariente, una piedra). Soy Lucía, tataranieta de Pastora, bisnieta de Olivia y Julia, nieta de Rosa Felicidad y Alicia, Hija de Maritza y estoy CANSADA DE SEGUIR CARGANDO CON LA MISMA MIERDA...

Voces en off masculinas, amenazantes in crescendo: LUCÍA, LUCÍA... LUCÍA... LUCÍA... LUCÍA... LUCÍA... LUCÍA... etc...

(Lucía reacciona a las voces. Sus propias manos se vuelven contra ella como si no pertenecieran a su cuerpo. Se mueven para el lado contrario al que su cabeza indica, impidiendo su avance. La silencian. Breves movimientos, amagos de huida, generan una especie de danza macabra que concluye con su cuerpo tirado en el piso.)

(Ella se levanta, recoge las piedras, las regresa al saco. Sus manos le imponen el disfraz de huesera y vuelve a este personaje, caminando lentamente en línea recta hasta salir del espacio.)

(Mientras va saliendo, con voz grave y desgarradora.) Lucía/La huesera: SE LA CONOCE COMO LA HUESERA, SU ÚNICA TAREA CONSISTE EN RECOGER HUESOS. RECOGE Y CONSERVA SOBRE TODO LO QUE CORRE PELIGRO DE PERDERSE.

La patita/ La mujer rota

(Fernanda/ Mamá Pata entra al espacio de repente. Viene vestida con un delantal muy sencillo y una canasta que recuerda a la de caperucita con un patito amarillo de goma adentro.)

Fernanda/Mamá pata: *(Colérica, mientras busca cinco patitos de goma entre el público.)* ¿Dónde se habrán metido? ¿Ustedes me los vieron? ¡No, es que una no tiene derecho ni de ir al baño, menos de estar tranquila! Es que si no es una cosa es otra: que la comida, que la escuela, que el peligro de la calle, que los accidentes, que las citas, que el desaparecido... ¡No, no, no! Yo siempre digo que ojalá la vida fuera un tren para bajarse un rato porque YA ESTOY A PUNTO DE SALIR CORRIENDO Y DEJAR TODO BOTADO... Pero los patitos...

¿qué se habrán hecho? ¡Pero es que no es la primera vez que me lo hacen!... ya yo me sé este cuentico...

Por aquí tienen que estar. Vea mientras los busco voy a contarles un cuento. ¿Quieren que les cuente un cuento, mis amores?

No comienza con el típico 'érase una vez'... ¡bueno! Érase una vez una mamá pata que protegía a sus paticos con toda el alma, porque lo cierto es que sigue la mamá protegiéndolos con toda su alma, con la misma necedad, ¡porque es que es necedad!, de hace más de veinte años. Hace veinte años de esta historia...

Si soy así ahora: imaginate cómo era yo en ese momento... ¡UN CRISTO! Así me decía mami, "¡parecés un cristo!" y yo decía ¡qué exagerada! Pero no, es que yo andaba hecha un cristo siempre... y yo entre más lloraba, más me pe...regañaba... No me pegaba ¡A MI MAMI NUNCA ME PEGÓ!

(Se interrumpe porque encuentra el primer patito.) Usted es el mayor, ¿no debería de estarme ayudando con sus hermanitos? ¡Es que a mí nadie me ayuda en esta casa! Bueno, la cosa es que a los 3 años ya me bañaba sola. Mi mamá me bañaba de vez en cuando como esa limpieza profunda que hay que hacer en la casa una vez por semana. Siempre he disfrutado esos chineos... Bueno, yo a esa edad ya me bañaba sola. Mami me bañaba cuando podía... con aquella catizumba... Y llevaba yo un par de días de que no quería que me bañara porque me había salido una pelotilla en la planta del pie izquierdo, imaginate la... regañada que me esperaba... pues ¡diay!, ella quiso bañarme y cuando me estaba secando las patillas me vio la pelota ¡Imaginate! Entró en pánico. Es que era enorme la pelota. No sé cómo hacía yo para caminar. Me agarró, me puso lo primero que encontró, ella ni se bañó y nos fuimos.

(Se interrumpe porque encuentra al segundo patito.) ¡Usted sí que ya me tiene pero es que ni qué! ¡Aquí se queda y no me sale! *(Colocando el patito en la canasta.)*

Hospital Max Peralta... emergencias... larguísima espera (¡porque es que ni aunque uno llegue con el intestino en la mano lo atienden rápido!) ¡Eso es una pelotilla de grasa! Dijo el... dormido ese que me atendió.

¡Una pelotilla de grasa!... ¡Ve que es que la universidad no le quita a uno lo bruto! *(Se interrumpe porque encuentra al tercer patito.)* ¡Qué belleza! ¡QUÉ belleza! ¡Nada más espérese a que lleguemos a la casa!...

Ella no pasó 7 años estudiando medicina, sólo era una mamá pata y eso era lo único que le hacía falta para saber que esto no era ¨una pelotita de grasa¨. NO HABÍA CÁNCER. PERO CLARO QUE NO ERA UNA PELOTILLA DE GRASA, ¡ERA UN TUMOR! Mami me veía y lloraba. Lloraba cada vez que hacía una llamada y hacía un montón de llamadas y andábamos por todos lados, que las citas, que los ultrasonidos y que la operación, que por dicha no era cáncer y ¡diay! para no cansarlos con el cuento. Todo salió bien gracias a la Virgencita.

Mami me decía que yo era muy valienta.

(Encuentra el cuarto patito.) ¡Ucht! Me van a sacar canas verdes ustedes. Pero ¡diay! que le va a hacer uno...

(Cuenta los patitos, suspira.)

Cuando cumplí los cuatro años estaba yo recién operada en silla de ruedas. Me acuerdo de la fiesta, yo con corona, ¡una belleza! y un vestido de princesa en color verde, así, que rodeaba toda la silla y la mami llorando de alegría. ¡Qué más cuento de hadas!

El día más importante (Parte 1)

(Fernanda deja la canasta y el delantal de lado y se coloca una diadema.)

Fernanda/ La niña: Érase una vez una niña con un talento especial... tenía una muy buena memoria. No. Era una voz potente... ¡No, no! Era más bien una mente que volaba, que habitaba en la fantasía. Sí, una mente creativa y un corazón muy creativo, como el de su mamá.

Y... jugaba. Jugaba a inventar, a imitar, a vivir otros mundos y tratar de entender todos esos cuentos que le contaban (aunque su realidad fuera poco más que la voz de su mamá).

Había magia entre ellas dos. Hablaban un idioma que nadie más conocía. Una cantaba y la otra bailaba, una hablaba y la otra escuchaba, una sentía y la otra sabía, una lloraba y la otra también. Su mamá leía y ella repetía, memorizaba, repetía lo que escuchaba como si saliera de ella misma y lo hacía mientras brincaba y daba vueltas en su casa. *(Primera caída.)* No, no era porque le funcionara más hacerlo así, más bien porque no podía estar quieta por mucho tiempo...

Su madre la animó a mostrar su talento, así comenzó recitando poemas y cuentos en actividades del kínder. Y así fue; llevaban semanas preparándose para recitar un poema en el día más importante del año, el día de su graduación de kínder. Entre brincos *(Segunda caída.)* y raspones: Llegó el gran día. Era un día lluvioso de noviembre, los suelos de tierra se llenaban de charcos. Todas las niñas y niños llevaban su mejor gabacha, una gabacha celeste perfectamente lavada y planchada, sus zapatos brillantes y su mejor peinado. Las madres, quizá, llevaban su mejor traje también, su mejor traje y su orgullo de madre. Y así esperaban sentadas mientras sus bebés formaban una fila para pasar a recibir su título.

Ella, La Niña, ella sabía que debía estar impecable, más por miedo al regaño de su madre que por otra cosa, porque no había nada que le diera más miedo que eso. Pero... uno de sus compañeros estaba especialmente inquieto, especialmente NECIO y, por jugarle una mala broma, saltó en uno de los enormes charcos y la pringó, a La Niña, la ensució con el agua embarrialada, llenó su gabacha celeste, PERFECTAMENTE LAVADA Y PLANCHADA, con pequeños puntos de barro. Ella casi lloró en ese momento. No tuvo tiempo. Sin pensarlo metió sus manos al pozo llenándolas de barro y se las limpió por completo en la gabacha de su compañerito. Una gabacha celeste perfectamente lavada y planchada, con el dibujo de esas manos en barro. ¡Ah! ¡Toda una obra de arte!

La mirada que le lanzó la madre de aquel niño le informó que había hecho algo muy malo y su madre lo confirmó con un pellizco ¡QUÉ PELLIZCO!

(Se soba el brazo.)

Pero esa madre sabía que tenía una hija muy fuerte, ella, La Madre, no había olvidado que en medio de ese llanto La Niña recitaría el poema (como si lo hubiera olvidado). ¡Tenía que recitar su poema!

(Se coloca en el centro del espacio.)

Ella, La Niña, lo recitó llorando. Mientras veía a su madre sonriente, con los ojos mojados de orgullo. La Niña no entendía cómo su madre había olvidado tan rápido lo sucedido. Pero ella no. Ella no había olvidado aquel pellizco.

Y así, ese día, el día más importante del año, ella, La Niña, pudo recitar, llorar, acariciar su bracito pellizcado y hacerle pucheros a su madre. Todo al mismo tiempo y sobre un escenario...

(Sonrisa.)

El bicho amarillo

(Sonido de lluvia.)

(Aparecen Kathleen y Pamela, jugando con una colcha grande hecha de retazos, la colocan en el centro del espacio. Pamela se acuesta, Kathleen camina al proscenio, observa unos instantes, mueve solo los ojos.)

(Sonido de trueno.)

(Kathleen se asusta y corre a cobijarse, Pamela/Mami se cobija en el extremo opuesto a Kathleen y de espalda.)

Kathleen: Yo crecí con mi abuela. Crecí durmiendo en su rincón, metiendo la nariz en su comida y cantando con ella los mil y un boleros que nos aprendíamos de las emisoras de radio...

A mí me gustaba dormir con ella. Por un lado, me aterraba dormir sola escuchando los aullidos de coyotes y, por otro lado, me fascinaba dormirme escuchando las historias que mamita me contaba...

Kathleen/Kathleen niña: "Mami, cuénteme una historia por favor". Pamela/Mami: "¿Una historia como de qué se le antoja?"

Kathleen/Kathleen niña: Una historia de... de cuando usted estaba chiquitita.

Kathleen: Y así empezaba una y otra vez; a veces cambiando la temática por "una historia de miedo" o de vez en cuando rogando por una historia de amor o de cómo eran mis tíos carajillos.

> *(Se propone un juego de títeres de guiñol manipulados por Kathleen para representar a Mami y a Tía Lidieth de niñas. Pamela se cubre con la colcha de forma tal que represente la montaña del cuento y sirve de marco o teatrino para el juego.)*

Kathleen: Mami me contaba que cuando ella estaba pequeña, siendo una de las hermanas menores, tenía ciertas responsabilidades que sus hermanos mayores no. Mientras ellos pasaban largas horas en misteriosas tareas cerro arriba, ellas abajo, emprendían la diaria tarea del fogón, la moledora, el palo piso y el silencio.

Cierto día, a mami y a tía Olga, de la mano y descalzas, les tocó subir al cerro con un bultito de tazas y termos en las manos desocupadas. Mami (según ella) iba temblando del miedo pensando en los cuentos y leyendas que sus hermanos le contaban de aquel cerro. "¡Salen tres monjas en fila, como esperando a que usted suba!", "a veces corren chiquitos muertos en los trillos" o "en las noches grita la llorona" y a mami se le iba el sueño pensando en las pobres almas de sus hermanitas muertas jugando entre los árboles.

Fue en aquella procesión de los almuerzos en que mi tía Lidieth y mami vieron el susto de su vida. Pero no fue la llorona, ni fueron las monjas, ni fueron los chiquitos. Cuenta mami que como en un acto de magia, apareció frente a ellas una criatura gigante, amarilla y peluda. Como si en un abrir y cerrar de ojos se hubiera creado, espontáneamente, un león de montaña ahí frente a ellas y que, petrificadas ante tal monstruo, clavaron sus piecitos en la tierra, sus dedos en la mano de la otra y su corazón en el cielo.

(Acaba el juego de títeres y se regresa a la imagen de Kathleen niña cobijada con su abuela medio dormida.)

Kathleen/ Kathleen niña: "¿Y qué pasó mami?, ¿qué pasó? ¿Rugió? ¿Trató de comérselas y tuvieron que correr? o ¿alguien las salvó?"

Pamela/ Mami: "Ninguna de esas Nani. El bicho nos observó durante un rato, inmóvil, y nosotras ahí petrificadas sentíamos que se nos iba a salir el corazón del pecho. Pero imagínese qué increíble, el bicho volvió la cabeza al frente, levantó una pata, luego la otra y, como si nada, se metió en la montaña... Desapareció. Nadie nunca nos creyó. Ni mami, ni papi, ni mucho menos mis hermanos. Pero Lidieth y yo sabemos bien lo que vimos ese día. Algo pasó en los ojos de ese animal que nunca voy a poder explicarte".

Kathleen (Se va quedando dormida): Y yo me quedaba profundamente dormida en el rincón de mi abuela mientras, en el fondo, los coyotes aullaban en manada.

(Sonido de trueno.)

(Se asustan Kathleen y Pamela y salen corriendo mientras juegan con la colcha)

La mujer raíz

(Sonido de río.)

(Lucía entra saltando de piedra en piedra, jugando en el río.)

Lucía: La gente dice que me parezco mucho a mis abuelas. Ellas eran unas viejas sabias que entendían muy bien que mis oídos aún estaban muy tiernos como para comprender sus palabras. Ellas me querían heredar sus cantos y sus historias, pero sabían que no era una buena idea compartírmelas cuando yo era una niña, porque iba a hacer algo estúpido como olvidarlo cuando tuviera 15 años...

(Se sugiere utilizar sus manos y brazos como títeres para construir los diferentes elementos de la historia, sobre todo al Hombre Humo y a la Mujer Raíz.)

Entonces se fueron a esconderlas. Me las guardaron en las venitas de las hojas, en los pliegues de los pétalos de las flores, en las pestañas, debajo de las piedras, en el cielo nocturno, en mitad de un abrazo y sobre todo en ese lugar que se encuentra detrás del viento. Cuando mis abuelas murieron, yo, que me parezco a ellas, reconocí en el final un comienzo... y me fui a buscar sus historias y sus cantos. La última historia la encontré hace como tres meses, dentro de una lágrima que encontré aquí, en mi hombro. Decía algo así:

Al otro lado del río vivía un Hombre Humo que muy poco había logrado amar en su vida. De este lado del río vivía una Mujer Raíz que había soportado las tempestades; todas.

Un día, el Hombre Humo voló de su casa...

Y de la misma manera en que lo hacía cualquier tipo de hombre de la época, decidió seguir el camino de sus hermanos, el de sus tíos, el de su padre, el mismo que anduvieron sus abuelos y bisabuelos con los pies descalzos; el de los ancestros; todos. Dando los pasos adecuados, el Hombre Humo llegó a donde se suponía que debía llegar y, arribado a su destino, tomó la decisión de seguir. Y siguió un rumor de agua hasta mojarse las puntas de los pies.

El río San Juan, que era frontera, le advertía que no debía seguir, pero el Hombre Humo no sólo siguió, sino que cruzó el río y una montaña también, hasta dar con un jardín que se sentía como un buen descanso.

En ese jardín amó por segunda vez a una mujer. En este jardín amó a una Mujer Raíz que había soportado las tempestades; todas. Y construyó una casa que habitaron juntos muuuchos años.

Pero este hombre era Humo y voló de nuevo. Cruzó otros ríos y montañas y unas veces volvió y otras no.

Mientras... la Mujer Raíz esperó en el jardín.

Y esperó muchos años hasta entender la ausencia. ¿Quién diría que nuevos brotes de vida aparecen siempre, a pesar de todo? Otro día, otro Hombre Humo, de la misma manera en que lo hacía cualquier tipo de hombre de la época, decidió seguir el camino de su hermano y arribó a su destino, pero tal y como lo hizo su hermano; siguió y cruzó el agua y cruzó la tierra hasta llegar al jardín donde habitaban la Mujer Raíz, que ya no esperaba. Y le gustó tanto aquel jardín (que se sentía como un buen descanso) que tuvo la osadía de nombrar como suyo lo que en otro tiempo abandonó su hermano. ¡Y le gustó tantísimo aquel jardín! Que en cuanto se percató de que allí también habitaba una Mujer Raíz con nuevos brotes de vida, se apresuró a arrancárselos para evitar que se afianzaran más en lo que ahora él llamaba: "su jardín". Intentó arrancárselos una... y otra... y otra vez. Pero el esfuerzo de sus manos no fue suficiente frente a la determinación de la vida misma.

De este lado del río, el rumor del agua acompaña las palabras de la Mujer Raíz, de la Mujer Vida que dijo un día:

"¡De aquí... ME SACAN MUERTA!"

(Después de una mirada furiosa suspendida, sale Lucía continuando su camino por el río.)

Caperucita y su ritual de encuentro

(Música mágica...)

(Entra al espacio Pamela/ Caperucita, sigue un pequeño ritual: Tira al suelo tierra que saca de su canasta, frente a sí, como formando su propio camino. Mientras avanza se escucha su voz en off.)

Voz de Pamela en off: Me dediqué a trazar un mapa con las heridas de este cuerpo que no es sino yo misma y pude localizar lugares que no conocía y conocer los límites y ampliar las fronteras y descubrirme como este conglomerado de historias que no dejan de moverse. Me convertí en historiadora de las heridas más por gusto que por profesión. Una historiadora profesional sabe que la historia se comprende en retrospectiva y que es más inteligente exponer las heridas cuando ya son cicatrices. Una con colmillo sabe que por hacer caso a esa idea es que hay heridas que no sanan nunca.

(Forma un número ocho horizontal o símbolo de infinito con la tierra. Sus pies van pisando la tierra que ella coloca. Se detiene. Siembra cinco semillas. Mira al cielo. Toca un instrumento pequeño, antiguo, quizá indígena, para convocar a la lluvia.)

(Sonido de lluvia.)

(Sonríe. Reacciona cara y brazos a la lluvia.)

(Sale.)

La llorona/ La pobreza mariposa

(Sonido de retreta fúnebre.)

(Lucía, Fernanda y Pamela entran con una mesa de comedor pequeña y dos sillas en alto, cada una ingresa levantando por encima de su cuerpo un elemento, como si fuera su cruz. Su movimiento tiene una ritualidad cuasi religiosa.)

(Salen como en procesión religiosa.)

(Kathleen/La llorona, viste con un delantal y el cabello recogido. Entra al espacio. Se coloca detrás de la mesa y al mismo tiempo que pica cebolla canta "Rocío de todos los campos" de Natalia Lafourcade o alguna canción tradicional que dialogue con un rezo o súplica de libertad de la mujer.)

Voz en off: *¡¡¡Maaaaaamáááá!!!!*

(Kathleen reacciona al llamado de una hija que la invoca fuera de escena. Sonido de retreta.)

(Pamela, Lucía y Fernanda sacan objetos de la misma forma en que entraron.)

El exorcismo

Kathleen: *(Llama desesperada a su madre en la esquina izquierda al fondo, casi inmóvil.)* ¡Mamiiiiiiiiiii!, ¡ma!, ¡mamiiiii!, MAMI, ¡ma!, ¡mamiiiii!, ¡mami!, ¿ma? *Sale.*

(Lucía aparece en el centro del espacio vestida con un delantal viejo y gastado. Realiza movimientos con su mano como si cosiera. El movimiento in crescendo, se transforma en golpes violentos contra ella misma. Aparecen cual transeúntes en la escena: primero Fernanda jugando con un carrito o trencito de juguete que contiene a los patitos de goma amarillos. Luego Kathleen, que entra jugando con uno de los títeres de guiñol, como si fuera una muñeca y, finalmente, Pamela/ Caperucita entra como buscando el camino correcto.

Salen al acabar el crescendo.)

Lucía: No me pidan más porque NO PUEDO. No me pidan más porque NO

QUIERO. Estoy seca. Soy polvo viejo. Tierra quemada. Fuego en el vientre... El hastío me escurre las piernas. Ya no hablo más su lengua. Ellos sólo piden y yo no les entiendo. No majé a la serpiente. Escupí a mi padre. Mordí a mis hijos. Dejé morir a mi madre.

Pamela/Caperucita vuelve a entrar a escena y se encuentra con Lucía en el suelo, sin fuerzas. La toma por los brazos y la carga sobre su espalda como muerta.

Sonido de cimarrona.

Lucía se recupera a medio camino de salir del espacio, decide caminar por sí sola y salen ambas bailando.

La Máscara

(Entra una mujer vestida con un enterizo de látex tallado de negro con una máscara de látex negra.)

(Baja sonido de cimarrona.)

Fernanda/La mujer enmascarada: ¿Todo bien?

Han notado que aquí la gente se saluda preguntando esa afirmación (o afirmando esa pregunta): ¡Todo bien! ¿Pura vida?

Yo siempre digo que estoy bien... supongo que mi cuerpo dice lo demás (muestra sus heridas).

Y en realidad nunca sabemos cómo están las personas, pero, si no los atropelló un carro, no se murió su madre, no les cayó un rayo ni tienen un tumor en la cara, si no están llorando y suplicando ayuda, aceptamos que están bien. Les creemos si nos dicen que lo están. Todo bien. Eso es como una regla de convivencia.

Porque lo que sí sabemos que nunca está todo bien, que todo el mundo tiene una maraña en la cabeza que se hace cortocircuito con el ritmo de la cotidianidad. Un ruido que no se calla ni cuando estamos durmiendo. Ruido. Quisiéramos no escuchar ese ruido... por supuesto no queremos escuchar el ruido de nadie.

Pero no me mal entiendan, yo creo que eso está bien.

De hecho, sólo salgo con hombres que si me preguntan cómo estoy y yo les responde que estoy bien, me creen. Me creen porque yo lo dije (y porque nada malo me ha pasado). Sólo salgo con hombres que quieren darme placer, que me cogen bien y duro. Que quieren llevarme a su casa y darme todo durante ese rato; después me voy y saben que todo está bien. O no. No importa. Nos damos lo que queremos, no escudriñamos. No nos interesa llegar profundo porque el cinismo no lo necesitamos. Así es con todos. Ellos saben que no son el único. Es evidente que estoy acostumbrada al placer y que involucrarse profundamente conmigo no es una opción. Me gustan los hombres con los que sé que involucrarme profundamente no es una opción.

- ¿Cómo estás? -Bien ¿y vos? -Todo bien. Y parece que esa conversación la tienen con ellos mismos, desde ese mismo lugar donde el ruido se escucha lejano. Colocan capas de piel para tapar la herida. Crean superficies duras que soportan sólo el roce. No entran. No dejan a nadie entrar. No confían. No se enamoran.

Me gustan los hombres que no se enamoran. Esos son los hombres que me gustan, los que nunca pierden la razón (me hacen sentir que yo puedo ser así también).

Me gustan los hombres que no quieren enamorarme, que no quieren conocerme, que no quieren saber lo que me pasa porque cuando me ven sólo piensan en coger. Por eso es imperdonable que no me cojan bien.

A eso nos referimos con animales. Seres que no saben...que no saben soñar. Que saben, pero no pueden. Que pueden, pero no quieren. Yo sólo salgo con hombres que no quieren soñar (conmigo). Los que quieren soñar, pierden el tiempo conmigo. Yo sólo salgo con hombres que no quieren soñar (conmigo). Los que quieren soñar, pierden el tiempo conmigo.

(Se ríe de forma macabra.)

(Se quita la máscara. Mueca de desesperanza)

Fernanda: ¿Me creen?

Santa Pamela

(Procesión que rinde homenaje a la Santa Pamela, patrona de las imposiciones. De las mujeres que viven bajo la sombra de sus propios miedos.)

(Aparecen las actrices con enaguas largas y vistosas, primero Pamela. Luego entran Kathleen, Lucía y Fernanda que visten a Pamela como una Santa y con la devoción correspondiente.)

(Música religiosa de procesión.)

Santa Pamela: Primera nieta, primera hija.

Todas: Santa Pamela.

Santa Pamela: Hermana mayor de dos hombres.

Todas: Santa Pamela.

Santa Pamela: Hija del hombre.

Todas: Santa Pamela.

Santa Pamela: ¡Digna hija de su madre!

Todas: Santa Pamela

Santa Pamela: Alma llena de incertidumbre.

Todas: Santa Pamela.

Santa Pamela: Intuición que sueña y no concreta.

Todas: Santa Pamela

Santa Pamela: Eterna merodeadora, foránea, ajena.

Todas: Santa Pamela

Santa Pamela: Alma hambrienta, confundida por no saber qué comer.

Todas: Santa Pamela.

Santa Pamela: Patrona del voy pero no voy.

Todas: Santa Pamela

Santa Pamela: Tibia

Todas: Santa Pamela

Santa Pamela: Escondida detrás de una sonrisa.

Todas: Santa Pamela

Pamela: Cansada de ser buena mujer.

Todas: Pamela.

(Pamela cambia su atuendo de virgen a uno semejante que sus compañeras. Entra música yoruba u otra de importante componente de percusión.)

(Las cuatro actrices bailan al compás de la música yoruba mientras avanzan.)

Pamela: La de cuerpo, alma y corazón.

Todas: ¡Pamela!

Pamela: La que fue, la que es y la que será.

Todas: ¡Pamela!

Pamela: La de ayer, la de hoy, la de mañana.

Todas: ¡Pamela!

(Salen todas menos Pamela.)

Pamela: La que cree, la que ama, la que cae y se levanta; la que es fuerte, la que puede sola. ¡La que hoy se planta!

Soy Pamela y desde hoy niego poner la bendición externa sobre la mía.

(Sale Pamela bailando.)

Grieta Yo

Manifiesto.

(Entra Kathleen con un micrófono con su pie. Se coloca en el centro del espacio.)

Kathleen:

Romperse.

Entre las lágrimas y lo que duele.

Romperse.

Romperse a espaldas de todos porque me da vergüenza que me vean llorar.

Romperse.

Sangrarse, moretearse, chollarse.

Succionar el cosquilleo de las fosas nasales.

Apretar el abdomen.

Tensar la mandíbula.

Caminar con la cabeza gacha.

Parpadear varias veces.

Y responder:

"Nada, estoy bien".

Meterme al baño.

Ponerle seguro y usar el sanitario como regazo.

Ahogar los gritos en el relleno de una almohada.

Apretarla.

Estrujarla.

Estrangularla.

Matarla.

Eliminarla.

Destrozarla.

Romperme.

Caerme en mil pedazos.

Y gritarle al techo:

"MIERDA".

Suturarme;

Mientras el alma se me escapa por una grieta.

(Entran las otras tres actrices y las cuatro miran al público. Kathleen se muestra orgullosa, las demás nerviosas, con cierto aire de confusión.)

Fernanda: ¿Ya terminó?

(Sale.)

Pamela*:* No sé.

Lucía*:* Esa es la respuesta correcta.

(Salen.)

La Gabacha (o "El día más importante del mundo, parte 2")

(Entra Fernanda vestida con una gabacha celeste perfectamente lavada y planchada. Manifiesto.)

Fernanda/ La Niña: *(Habla al micrófono, sobando su bracito)*

Tengo miedo de ser yo...

por recibir un regaño, o un pellizco

o una mirada odiosa de un adulto que sí sabe comportarse

Miedo de comportarme como yo no quiero

por mantener limpio mi traje

por presentarme en sociedad

y ser parte

y ser alguien

Miedo de no ser alguien para alguien

de ser una más para alguien

de ser olvidada por vos

Miedo de que se quiebre mi voz

y que nadie escuche mi poema

que no me presten atención

que no tomen en serio

porque tengo la nariz roja de tanto llorar

Miedo de llorar y que me escuchen

y que no les importe

que nadie me crea

porque soy demasiado loca

y las locas lloran siempre

las niñas lloran siempre

las mujeres lloran siempre

Tengo miedo de ser yo...

pero grande...

y no poder llorar.

Sale, llevándose el micrófono

El miedo

Manifiesto colectivo y final.

(Entran al espacio las cuatro actrices, vestidas con una caperuza roja larga. Entran y de espalda, una por una, abordan los siguientes textos.)

Pamela: Vivía a la sombra de un árbol del cual estaba amarrada. Un árbol, alto y frondoso. Un árbol que no me permitía moverme. Tenía una piedra amarrada a cada uno de mis pies, lo que me hacía sentir pesada. Tenía en mi espalda un saco lleno de ceniza que no me pertenecía. Tener todo esto no me permitía avanzar, vivía estática.

Lo curioso de todo esto es que nadie más que yo veía eso junto a mi cuerpo: el árbol, las piedras. El saco era invisible para los ojos de los mortales, pero estaba en lo más profundo de mi alma. Latente. Deteniéndome siempre. Haciéndome dudar de cada una de mis decisiones, de mis pasos.

Luchaba por salir de todo esto, pero la sombra del árbol solo me recordaba que siempre iba a estar encima de mí, que no iba a poder ser libre, que nunca iba a SER.

Kathleen:

Hay algo en la nostalgia, que me da miedo.

Es un hueco en el estómago,

Un escalofrío por la espalda.

Me da miedo el pasado porque ya no lo tengo entre las manos.

Porque el pasado no fue siempre claro,

Y para cuando el pasado se supo...

Ya yo no lo tenía entre mis manos.

No era mío, no era de nadie ya.

Porque a pesar de los recuerdos y el amor que allí adentro se amasaban, cocinaban,

chorreaban, freían, asaban, palmeaban y finalmente se comían; había una sombra siempre

oculta en la oscuridad, una mentirilla blanca, un golpe maquillado, una foto recortada o alguna mano en zona prohibida.

Me da miedo el recuerdo del silencio.

El silencio que ellas guardaban.

El silencio que me hacían a mí guardar.

El silencio que guardaron las que estuvieron antes que ellas y el que pudieron guardar las

que estarán después de mí.

Me da miedo ese aire de soledad que ahora respiran ellas.

El polvo que nadie limpia porque la artritis es muy fuerte.

Las sillas que nadie ocupa ya.

El café que se enfría sobre la mesa.

Los rodapiés y las puertas comidas por los bichos.

Porque ellas están solas hoy, y solas se están muriendo.

Fernanda:

Miedo como estrategia de sobrevivencia.

Nací siendo presa y así tengo que adaptarme.

Buscar estrategias: vivir en alerta constante.

Miedo como estrategia de sobrevivencia

Cargar un escudo, ponerme curitas, taparme, callarme, esperar, conformarme.
Miedo como

estrategia de sobrevivencia.

Ser dura para que no me aplasten, ser color camuflaje.

Miedo como estrategia de sobrevivencia:

Crecer, ser grande, andar con paso de elefante. Hacerse escuchar, guardar el
llanto y

regalar la risa, estar dispuesta a regalarse.

Miedo como estrategia de sobrevivencia porque ser mujer implica mucho más
que ser persona, porque antes de persona soy mujer, niña, hija, hermana, esposa,
amante o madre, porque me precede una herencia de silencio donde el miedo
ha sido una estrategia y por eso lo que más me da miedo es tener miedo y ser una
más con miedo, porque las mujeres siempre tienen miedo, porque las mujeres
siempre lloran, porque las mujeres lloran tanto que pueden vivir llorando como
si no escuchara nadie.

Lucía:

1)Quedarme.

2)Levantarme cada siglo en la misma cama.

3)Consagrar mi vida a una caricia ausente.

4)Anclarme a un hogar y abrazar sombras.

5)Ser testigo sin ninguna urgencia del tiempo que se me escurre y la carne que se me derrite.

6)Hacer cada año una lista más grande de cosas que no hice.

7)Darme cuenta un día de tantos al final de mi vida que poco supe de amar y ser amada, pero que aprendí a la perfección el oficio de ser raíz.

8)Un epitafio soñado:

Fue la que estaba destinada a ser. La que siempre se sacrificó en nombre del "amor y las buenas costumbres".

Ser la imagen viva de ese monumento que le construimos todos y todas a nuestras madres y abuelitas. La perfecta justificación de su culto a la esclava. Es decir, negarme a mí misma para abrir las conversaciones siempre del mismo modo: ¡No tranquilos...yo lo hago! ¡No tranquilo... déjeselo usted!... ¡No tranquilo... yo me quedo! Yo me quedo mientras usted se mueve, mientras usted viaja, come, coge, sonríe, abraza... Usted vive mucho ¿y yo? No tranquilo yo me muero. Me muero raíz, me muero quieta, me muero inmóvil, me muero estática, me muero fija, me muero a la espera...

Porque eso me enseñaron que debía ser una buena mujer: una piedra, un fósil solitario, una figura de iglesia. Buena ¡BUENÍSIMA! Una santa petrificada.

Kathleen:

PEEERO... (se voltea de frente) Siempre hay un 'pero'.

Yo Kathleen quiero ser ese 'pero'.

Y corto para siempre el hilo de esa herencia.

(Se voltean de frente todas.)

Coda: Llamado a la desobediencia

(Sonido de fogata.)

(Las cuatro empiezan a caminar hacia el frente. Público.)

Voces en off:

Sal al bosque, sal enseguida.

Si no sales al bosque jamás ocurrirá nada y tu vida no empezará jamás. Sal al bosque,

sal enseguida.

Sal al bosque,

sal enseguida...

(Sonido de aullido de lobo.)

Costa Rica, 2019

Este texto fue producto del trabajo colectivo del Proyecto de Jóvenes Produciendo 2019 del Teatro Universitario de la Universidad de Costa Rica

SEXO, SEXO, SEXO

═══

Por Ivonne Rosales y Katherine LaPey Peytrequín

(Inicia preguntando al público.)

¡Hola! Para iniciar, unas pregunticas:

¿A qué edad fue la primera vez que usted escuchó algo relacionado al sexo? ¿Fue en su casa o afuera?

¿En algún momento a usted la sentaron en su casa o en el colegio a hablarle claramente de sexo?

¿Usted cree que es importante que a una le hablen de sexo en la casa, en el colegio?

Bien...

Siempre fui bastante aislada, lo cual provocó un increíble desconocimiento del tema *(Susurrado.)* Sexo... repite: sexo, sexo, sexo, sexo... Al ser totalmente ignorante, para mí el sexo era un mito, una leyenda urbana, algo cochino, malo, sucio, oculto, malo... Cada vez que se tocaba el tema con los compañeros del colegio, mis orejas se convertían en dos antenas parabólicas para anotar en la mente todo lo que debía saber. Fueron mis primeros maestros... sí, personas de mi edad... con mis mismas dudas... en fin.

Capítulo 1: Mis amigos hombres

Los hombres te dan una perspectiva diferente de todo... ¡Qué suerte tuve de tener hombres cerca desde siempre! *(Sarcasmo.)*

Cuando tenía como 12 años, estábamos todos en el patio de la casa de uno de los compas... hablando... pasándola bien... y en eso uno se pone de pie y nos cuenta... ¿ustedes se acuerdan de Carlos, mi primo?... Me dijo que salió con una chica de Santa Cecilia y que se la llevó para el departamento... Y ustedes ya saben que hicieron... (Pensé: ¡Oh por Dios, van a hablar de sexo! Me emocioné, no era mucho lo que sabía).

El compa nos dice: "¡Qué no hizo mi primo más bien! Carlos me contó que la agarró y la hizo trizas. Que la pegó contra la pared. Que la tiró contra el piso y que al final terminó dándole contra la cabecera de la cama una y otra vez hasta que él terminó. Que la hizo aguantar, porque de por sí, esa chica siempre la andaba pidiendo y que era de lo peor... que siempre llegaba y se acostaba en la cama y no hacía nada, por eso se lo merecía." *(Silencio largo.)*

Moraleja número 1. El cuerpo femenino debe ser maleable, sometido y complaciente.

(Silencio.)

Capítulo 2: Mis amigas mujeres

Con las mujeres era otra historia. Nunca hablábamos de sexo directamente, ni de penes, ni de nada... Es más, ahora dudo si nosotras mismas sabíamos lo que era una vulva. *(Silencio.)*

Las mujeres en mi colegio se podían dividir en tres tipos:

Uno: las chicas "castas", aquellas que se pasaban comentando quién era la más puta del colegio... porque habían escuchado que se había acostado con quien sabe quién.

Dos: las chicas que lo veían como un trofeo. Llegaban al colegio presumiendo que habían salido y cogido (¡ups!... término vulgar y despiadado... pero al pan, pan)... *(Retoma.)*... que habían salido y cogido con varios maes el fin de semana... Esas mismas que se metían papel higiénico en el sostén... *(Risita.)* y obviamente eran las putas que la religión castigaba.

Tres: las ignorantes/mojigatas. Que no sabíamos nada y no preguntábamos nada, pero teníamos mucha curiosidad.

O sea, en ninguna de las opciones el sexo era bueno, normal... Es más, natural.

Puras idioteces... Por eso nunca tuve sexo en el cole. Entre ser mojigata, estar asustada o ser la puta... no había por dónde. Lástima que no se nos hable de sexo desde siempre... Sobre todo, en aquellas edades tan fundamentales para tomar decisiones y forjar carácter.

Moraleja número 2. Nunca hable de sexo y mucho menos con sus hijos. "A mis hijos, los educo yo". (*Silencio.*)

Capítulo 3: El cole, la religión y el sexo

Igual no podías evitar tener ganas de conocer lo que era el sexo... Ganas que no tengo claro cuándo inician (ese es otro tema), pero que sí es verdad, son ganas que están siempre presentes. Como un mosquito en una tarde caliente... ¿Les ha pasado?... Ese calorrrr y un puto mosquito... zzzzzzzzzzzzz... por aquí... zzzzzzzzzzzz... por aquí... y así, así son las ganas de saber sobre sexo. SIEMPRE.

La única clase sobre educación sexual en el colegio fue impartida por la profesora de religión. Nos hizo formar parejas y nos dio un tema relacionado con los métodos anticonceptivos (¡Ojo! Nunca sexo. Métodos anticonceptivos). A mi compañero y a mí nos tocó el condón, bueno el tema... sobre el condón. Hicimos un lindo cartel y escribimos la palabra condón en grande. Cuando ya lo habíamos terminado le dije que pusiéramos un recorte de un condón en la 'O' de condÓn. A él le encantó la idea y lo hicimos. Cuando nos tocó exponer la profesora se alarmó mucho cuando vio el condón y nos hizo arrancarlo de inmediato y dijo: "poner eso es una perversión".

En mi colegio una de las reglas era: las enaguas de las chicas tenían que medir 4 dedos debajo de la rodilla. Porque enseñar las rodillas era cochino, mal visto, de puta... así que a veces, hasta nos hincaban para cerciorarse que la enagua quedaba hermosamente extendida sobre el piso cual traje típico nacional...

Sí... mi cole era de monjas... y la directora era una monja, ex-militar. Ella nos hacía hacer una fila todas las mañanas donde revisaba uniformes, uñas, pelo... Mientras rezábamos el rosario... cantábamos el himno... y esas cosas protocolarias. Y luego nos íbamos en filita a nuestra aula. En el momento en el que entrabamos al aula, varias de mis compañeras se subían las enaguas a la cintura, para que se les vieran las rodillas.

Dios la ampare a una si la veían agarrada de la mano con un mae y, peor aún, besarse ... Ahí sí que nos hacían arrodillarnos, cantar el himno y rezar el rosario 70 veces seguidas...

Moraleja número 3. El cuerpo y el sexo son del diablo. (*Silencio.*)

Capítulo 4: Mi primer beso

A mis catorce me excité solamente por un beso en la mejilla. ¡Ay mi amorcita! Se imaginan... aquí en la mejilla... Mi primer beso en la mejilla. A esa edad seguía siendo la mujer más casta, la más pulcra y LA MÁS VIRGEN en toda la existencia. Tanto así, que una vez fui con unos compas a unas fiestas por el pueblo (¡Ah! Es que además no les he dado el detalle: yo soy de Guanacaste y digo "además" porque si aquí en la "gran" ciudad cuesta hablar de sexo... ahora imaginen por allá... donde las mujeres se casaban o las casaban... para procrear, bajar la cabeza y bretear en la casa).

En fin... volvamos a la historia de mi primer beso... Íbamos a ir con el primo de un compa, el mae tenía como 20 años y andaba en carro. Cuando él llego por nosotros... el mae comenzó a saludar a todas... DE BESO EN LA MEJILLA... y me sonrojé, me sonrojé... y me puse un poco nerviosa... y ¡cómo no! Si no había tenido contacto físico con un hombre... ¡NUNCA! Cuando el mae me dio el beso a mí, sentí que se me estremeció el cuerpo... como que se me aflojaron las piernas... Me sudaron las manos... Sentía la cabeza caliente... Todo mi cuerpo caliente...

Claro... yo sabía que nunca en la vida iba a tener oportunidad de estar con él, porque yo era considerada fea...

Cuando estaba en noveno del cole yo era ligeramente gorda. La típica historia "destruye autoestima": adolescentes superficiales que te hacen sentir el peor ser humano... indeseable... por ser gorda. Ah, pero como también era la típica adolescente, lo que hice fue comenzar a hacer ejercicio, con el fin de bajar de peso y agradar a los chicos... Esas cosas que una hace sin pensar bien... Lo de "agradar a... (y que sigue nunca es "a mí misma" en la frase).

Cuando llegué a quinto año, ya tenía el cuerpo socialmente aceptable. Tanto así que una vez en el recreo uno de los chicos que siempre me había hecho *bulling* se acercó a mí y me invitó a salir. Estuve a punto de decir que sí, pero una energía dentro mío me comenzó a hervir desde la punta de los pies hasta la cabeza... y me hizo recordar el *bulling* que me había hecho... así que con un sutil no... di media vuelta... y sonreí. Sentí odio por los hombres, un odio horrible. Cuando llegué a mi casa, me dije: tengo dos caminos, dejarlo pasar o hacerles daño. Y elegí el camino de la maldad. No es como que me sienta muy orgullosa. Pero aprendí algo sobre la seguridad sexual y es que, una como mujer, tiene la última palabra. Así que mi macabro yo... decidía a quién dejar con las ganas y a quien no, por puro gusto.

Moraleja número 4. Los chiquitos no sienten nada. Y los adolescentes jamás tienen... sexo. (*Silencio.*)

Capítulo 5: ¿Qué estoy haciendo aquí?

Una vez, después de una fiesta (ya para este entonces estaba en la U), terminé con cuatro maes a las 2 de la mañana en chepe centro. Estábamos borrachos y ya no había buses. Íbamos a dormir en la casa de uno de ellos, así que todos sacamos lo que teníamos de plata, la juntamos y nos subimos en un taxi.

El mae le dio la dirección del lugar a dónde íbamos, pero, eso sí, le especificó que se detuviera cuando "la María" marcará el total de dinero que teníamos. "La María" llegó a su límite. Nos tuvimos que bajar y terminamos por la circunvalación. Ahí en medio de la nada, con autopista por un lado y autopista por el otro. (Fue el primer momento que me pregunté "¿Qué putas hago aquí?").

Caminamos como 10 kilómetros... bueno se me hicieron 10 kilómetros. Llegamos a Hatillo casi a las 4 de la mañana. El compa se detuvo en un barcillo que seguía abierto y se compró una birra y cigarros. Cuando entramos en el barrio, el mae nos dice: "vean, ustedes no pueden entrar y salir de aquí sin mí, aquí es peligroso" (Pensé. "¿Qué putas hago aquí?").

Llegamos a la casa del mae. Nos metimos al cuarto de él y nos acomodamos. Había una cama y un colchón. Nos acostamos. En eso siento que el mae me comienza a tocar, fue horrible. ¿Qué putas hacía yo ahí? Él estaba en la cama y yo en el colchón a la par de la cama, en eso agarré al compa que estaba a mi lado y le dije lo que estaba pasando… El mae, muy buen ride, cambió de posición conmigo y detuvo al otro mae. ¿Qué putas estaba haciendo yo ahí? Pero, ¿qué putas estaba haciendo ese mae tocándome sin mi consentimiento? No importa que estuviera en su casa, en su cuarto. Pudo haber sido mi novio inclusive. El mae no tenía derecho de tocarme sin mi autorización.

Moraleja número 5. No importa, toque a las mujeres sin su consentimiento. No importa. (*Silencio.*)

Capítulo 6: Yo, la puta

La primera persona que me dijo puta en la vida fue: yo misma. (*Aplausos.*) Estando en la universidad, conocí a un chico. El mae quería conmigo y cuando se enteró de que era virgen fue como una bomba de excitación. Lo conocí un lunes y ya para el sábado me había invitado a su departamento. Obviamente yo sabía qué era lo que él quería (por tanto, informarme entre pasillos, calle e internet… obvio… porque… lástima que no se nos hable de sexo desde siempre).

La "emoción" y lo prohibido fueron los que me hicieron decir que sí. Ese día me quedé a dormir con él y… uuufff… mi primera vez. A la mañana siguiente… me desperté. Él seguía dormido. Yo ya había experimentado lo que quería. Y realmente me daba pereza pasar por todo el protocolo: despertar, conversar, despedida… ¡No! No quería. Así que, silenciosamente, me levanté del colchón. Me puse mis medias, me puse mis burros y salí. Me fui. Sin decir nada… Pero al llegar a la parada del bus… lo primero que pensé fue: "¡Qué puta que soy!".

Moraleja número 6. Gracias educación religiosa por lograr que me ofenda a mí misma. (*Silencio.*)

Capítulo 7: Sentir la fuerza

Por ahí de mis 19, comencé a tener un gusto diferente para vestirme y descubrí que cierta ropa está íntimamente ligada al concepto de "puta".

Soy fanática de los encajes y las pantis. Hay días que me gusta vestirme así, camisita con escote, short, burros (*Vestuario que lleva puesto.*) … Realmente no me visto para provocar deseos sexuales, pero el inconsciente colectivo está programado a que esto – igual a – sexo, sexo, sexo.

Lo irónico es que una pensaría que entre menos ropa se use, más "puta" sos. Pero con las medias es lo contrario. Si estoy así vestida *(Con short y camisa.)* soy normal, playera, relajada... pero... cuando me pongo pantis todo cambia. Lo irónico es que estoy usando más ropa.

Hay dos formas de usar las pantis: ponerlas hasta arriba para que no se vea nada de piel o ponérselas a media pierna.

(Me comienzo a poner las pantis.) Lo que he descubierto es que, para pasar de "rara" a "puta", solo bastan diez centímetros. Cuando me subo las medias para que me tapen todo, soy rara. Cuando me las bajo diez centímetros, soy puta... Aunque esté usando más ropa.

Rara. *(Me subo las medias.)* Puta. *(Me bajo las medias.)* Rara. *(Me subo las medias.)* Puta. *(Me bajo las medias.)* Rara. *(Me subo las medias.)* Puta. *(Me bajo las medias.)* ... Sea como sea, SIGO USANDO MÁS ROPA.

Pero para salir a la calle así vestida (ya vestida con short, pantis de media pierna, escote y encajes) hay que sentir la fuerza. Si la fuerza está conmigo al despertarme, me mando. Si no, la pasó mal... Porque la fuerza es la que me ayuda a soportar a los viejos alborotados, a los maes en las construcciones, al rechazo de la gente vestida correctamente, a los compas que te abrazan fuerte para sentir mis tetas, a los profesores que te manosean los hombros cuando te saludan y mis favoritas... a las señoras en los buses.

Cuando ya la cosa pasa a la violencia y que una se siente ultrajada... Cuando ya es demasiado... recurro a mis "armas". *(Pantomima.)* Agarro mi bufanda y explícitamente me tapo los senos.

Moraleja número 7. Entre ser puta y rara sólo hay 10 centímetros de diferencia. *(Silencio.)*

Capítulo 8: Los gritos en la calle

¿Qué no me han gritado en la calle? *(Entra música. Danza. Hace movimientos que insinúan acoso. Danza.)*

¡¡Paren, paren la música!! No solamente lo que me dicen en la calle (cuando te dicen un piropazo de esos asquerosos), sino también lo que te dice la gente en otros lugares que se supone son seguros. Otro tipo de violencia. Por ejemplo, yo estaba haciendo mi Trabajo Comunal Universitario en un hogar de ancianos y la directora del TCU me dijo: "O usted se empieza a vestir más decente o no puede volver aquí. Porque los viejitos están súper contentos con usted, pero las señoras están súper enojadas".

¿Qué más? ¿Qué más falta por decir? La enorme lista de cosas que te dicen y te violentan como mujer... en la calle, en el trabajo, en la iglesia, en la familia. *(Inicia audio para seguir con la danza.)*

Fin.

Tic-tac

Por Carolina Torres R.

Escena 1

Tic

Tac

Tic

Tac

(Pausa.)

Tic

El tiempo pasa

Tac

El tiempo se detiene

Tic tac tic tac tic tac

hay prisa, los momentos transcurren

Tictac, instantes

Tic..tac,

eternidades.

El reloj marca las dos y quince de la tarde. Un día más en un cole cualquiera, de gente común y corriente.

Cinco...

Diez...

Quince minutos de esperar a la profe de español. ¡En hora buena! El tiempo justo para que mis amigas y yo nos pongamos al día con nuestra serie favorita del momento.

¡Qué loco el tiempo! Es rajado como los minutos se van de rápido cuando una está entretenida y como esos mismos quince minutos se pueden volver eternos.

Apuesto que, si la profe hubiera estado hablando de cómo hacer una monografía y toda su aburrida materia,(¡uy que cansado!), de fijo esos minutos serían lentísimos.

Cuando eso pasa, tengo varias opciones. Me pego un viaje a la luna y pienso en estupideces o, a veces, todo lo contrario. Me inspiro y me pongo a filosofar sobre la vida.

¡LO PEOR! es cuando veo y veo el reloj y siento que el tiempo me vuelve loca.

Es como cuando una tiene mucha hambre, pone la comida a calentar en el micro uno o dos minutos. Es poco tiempo, pero me quedo ahí enfrente viendo como el plato da vueltas y vueltas y ¡esa vara parece que nunca va a acabar! El zumbido del micro se escucha cada vez más y más, se mete en mi cabeza y parece que me habla: *(En tono tenebroso.)* "Natalia, nunca voy a terminar" ¡Ahhh en serio que siento que me vuelvo loca!

Por estar hable y hable de la serie ya no aguanto las ganas de orinar. Mejor voy al baño. Siento que voy a explotar.

¡Nooo! Hay tres personas antes en la fila. Siento que faltan kilómetros para que llegue mi turno. ¡El tiempo me quiere volver loca! ¿Será que esto solo me pasa a mí?

Sí, ¡estoy haciendo el papel! ¡Lo sé! Es que antes cada uno de esos momentos se me hacían increíblemente largos y ahora me digo: "Mae Nati, que ridícula que sos. Eso no es nada". En serio que bruta que era al volverme loca por un tiempo tan insignificante. ¡Si tan sólo hubiera sabido lo que iba a pasar!

Ya falta poco para mis quince, aunque con toda esta "reflexión profunda" del tiempo que me acaba de florecer, la verdad no sé si es poco o es mucho. Entre más se acerca parece que los meses tienen más días y la fecha se me hace cada vez más larga.

¡Por cierto! Hasta de esto nos dio chance de hablar mientras esperábamos a la profe. Es tan chiva imaginar ese día: las luces de colores, mi música favorita, mis compas haciendo loco, *(Suspiro.)* en fin... ya llegará... y así mismo pasará, como todo en la vida... o casi todo. Hubiera sido ¡tan chiva!, pero no tenía ni idea de lo que iba a pasar.

Al final, la profe no llegó. Podemos salir temprano, lo que significa que voy a poder adelantar al menos dos capítulos de la serie mientras mi mamá llega a casa. Eso es lo que yo llamo ¡aprovechar el tiempo! ¿Cómo era que se llamaba la serie? Ya ni me acuerdo. Ya no importa. Ahora solo me pregunto ¿qué hubiera pasado si no hubiese tenido tanto apuro ese día? Dos y treinta de la tarde y salgo corriendo como loca, no puedo perder el tiempo. Pero, suave un toque. Obviamente la música no puede faltar. ¿Con cuál lista matizaré hoy? Para ver. Esta no, esta tampoco, ¡claro! esta es ¡LA PIEZA!

(Cantando al ritmo de la canción.)

Paso la noche imaginando

si mañana llegará

el momento de la verdad

Y de repente

la vida cambia de color

Ya nunca más será igual

La verdad es que todo está ¡tan cool! Es perfecto, una tarde de julio soleada y fresca como un clima de esos navideños que tanto me gustan...

... O me gustaban. Nada es igual, porque el tiempo avanza sin detenerse nunca. Cambiando minuto a minuto, segundo a segundo.

Pero, y si hago esto... *(Juega apretando el botón de play y pausa.)* ... pausa, play, sigue, pausa, para, play, pausa, sigue y... ¡Para!

¿La luz o la oscuridad? Qué interesante... Esta vez ganó la oscuridad y es como si el tiempo se congelara. Está por suceder, el tiempo se detendrá en el momento menos esperado.

Insisto, no entiendo esto del tiempo. ¿Cómo en segundos todo puede cambiar y, a la vez, unos minutos pueden ser tan eternos? En serio ¿Será que esto solo me pasa a mí?

Tres minutos, seis segundos es el tiempo de esta canción. Mejor camino más rápido. Entre más pronto llegue más rato será el aprovechado.

(Continúa cantando.)

Hoy aumenta el latido en todo corazón

Golpeando paredes perdiendo el control

El mundo se enciende se escucha el disparo que adentro se va

Y es el tiempo...

¡Quiero pegar alaridos por la calle! *(Pausa.)* Pero no, mejor no. Mi voz podría espantar a cualquiera.

Aunque debí haberlo hecho. ¡Sí! Cantarla desde las entrañas de mi ser. A gritos. Alaridos que se pudieran escuchar desde muy lejos. Que el mundo entero me escuchara.

¿Dónde putas estaba la gente? Parece que se la tragó la tierra.

Y hoy mi Carlitos sí la canta a grito pelado, le encanta esta canción. ¡Quién lo diría!

La canción se acaba. En mi cabeza sigo la letra. Mi cuerpo disfruta cada segundo de tan contagiosa melodía. El camino que falta es corto, pero algunos inconvenientes lo alargan.

Algo está por pasar. La melodía sigue en mis audífonos y la energía de mi cuerpo baja con los últimos segundos de la canción.

(Continúa cantando.)

Es un momento tan grande que parece un sueño

Tan único que lleva al cielo

Se escribirá la historia será real

La historia sería tan diferente... ¡Si sólo hubiera sabido lo que iba a pasar!

Esa es otra cosa interesante del tiempo: la sincronización. ¿Cómo el final de esa canción calzó tan perfectamente con el final del camino?

En fin, ¡Natalia, no tenés tiempo de "filosofar" ahora! Tampoco tengo tiempo de correr. Todo pasa en milésimas de segundos. Es fugaz y a la vez interminable. Todo se vuelve oscuro. Un saco en mi cabeza corta mi respiración. Mi cuerpo y mi voz se paralizan. Creo que estoy encerrada en la cajuela de un carro. A partir de aquí el tiempo es una eternidad. No sé para donde voy.

Mi camino continúa en otra dirección, en otro espacio que no ubico y no quiero conocer. Con otra respiración que nunca en mis casi quince años había sentido.

El tic-tac del reloj sigue corriendo. Ese tiempo es el mismo para los demás. ¡Mierda, para mí no lo es! ¡Mierda! Play, sigue, pausa, para, pausa. *(Grita.)* ¡Paraaa de una puta vez! ¿Por qué no puedo pausarlo? ¿Por qué no puedo controlarlo? Es un tic-tac en cámara lenta que me asfixia. Un tic-tac con el que tengo que pelear segundo a segundo. Un tic-tac con cada respiración que se me agota pero que no quiere morir.

Seguí cantando Nati, sólo eso. Mi respiración no se puede pausar... sigue, play, sigue Nati. No podés parar aquí.

A veces solo quiero creer que me transporté a otra dimensión. A una película de ciencia ficción en la que, de pronto, me abduce una especie alienígena y experimenta conmigo. Y vuelvo a aparecer cantando los últimos segundos de la canción, como si nada hubiera pasado. Así sobrevivo a ese tiempo eterno... Aún lo hago.

Pero, definitivamente, lo que ocurre es legítimo una película de terror y lo más espantoso de todo es que no es ficción, es real.

Resulta que, en lugar de ser raptada por alienígenas, soy comida por monstruos de carne y hueso que sacian su hambre con cada parte de mi cuerpo una y otra vez. No sé cuántos son. Siento muchas manos sobre mi piel. Tal vez son dos o tres... no lo sé. Aún escucho sus jadeos... y ese puto olor no se va de mi nariz. Siento náuseas. ¡Ya no quiero estar aquí!

¿Será que ya es de noche? ¿Cuánto tiempo ha pasado? Solo quiero irme, no sé si viva o muerta. Cualquiera de las dos mientras ya no sienta más esto.

Me pregunto, ¿por qué no acaban conmigo? ¿Cuánto tiempo más tiene que pasar?

Alguien me responde: "Tranquila, no ha pasado mucho tiempo. Es menos de lo que crees". Estoy segura de que es una mujer. Todavía recuerdo sus susurros queriendo tranquilizarme. ¿Qué clase de persona es? ¿Acaso no tiene hijas, sobrinas, hermanas? ¡Ayúdeme! ¡Sáqueme de aquí por favor!

¿Qué hace? ¡Está fría! Es el agua más helada que he sentido sobre mi cuerpo. Me baña una y otra vez y aun así mi cuerpo se siente sucio. Aún lo siento sucio.

En serio, todavía no entiendo nada. ¿Por qué a mí? ¿Por qué no me di cuenta? ¿Por qué nunca llegó la profesora? De verdad siento que ha pasado una eternidad.

Ahora estoy de nuevo aquí. Aparezco en el mismo lugar donde escuché el último minuto de mi canción. Sin volver a ser la misma. Veo mi celular y la lista se acabó. Son casi las 6 de la tarde. Pasaron tres horas.

¿Es enserio? ¿Fueron solo tres putas horas? No lo puedo creer. Segundo a segundo de mi tiempo es marcado por esas tres malditas horas por las que mi vida no volvió a ser igual.

El tiempo me dice que sigo viva, aunque no estoy segura. Siento que algo en mí murió y no sé si con el tiempo lo recuperaré.

Así de jodido es esto del tiempo. Por quince minutos todo mi mundo cambió. ¡Si tan solo hubiera sabido lo que iba a pasar!

Escena 2

(Sala de un despacho de abogados. Dos mujeres sentadas en las sillas de espera. Una de ellas habla por celular, la otra lee un libro.)

Lau 1: *(Hablando por teléfono.)* Sí madrina ya estoy aquí... falta como media hora... ¡Ah! Pero... ¿si van a poder venir?... Porque si no digo que nos pasen la cita... Ya he esperado muchos años. Una semana más no importa... Bueno... ¿Segura que les da tiempo?... Está bien, nos vemos en un rato, ¡chao!

(Silencio largo.)

Lau 1: Disculpe, ¿a qué hora tiene usted su cita?

Lau 2: ¿Perdón?

Lau 1: ¿A qué hora tiene la cita?

Lau 2: *(Sin dejar de ver su libro.)* A la 1:00 p.m.

Lau 1: *(Mira la hora en su celular.)* Son las 11:53. Vino bastante temprano.

Lau 2: Ajá.

Lau 1: La mía es a las 12:30. Me vine antes de la U para llegar bien y resulta que mis padrinos vienen atrasados... ¡huich qué estrés!... Espero que lleguen a tiempo.

Lau 2: ¡Ojalá que sí!

(Lau 1 observa el libro de Lau 2, intentando ver la portada.)

Lau 1: ¿Es mamá?

Lau 2: ¿Qué?

Lau 1: O estudia algo que tiene que ver con niños... Lo digo por el libro... *(Apenada.)* Perdón, tal vez ninguna de las dos y nada más se le antojó leer ese libro y ya... O puede ser que lo vio en una compra y venta, estaba barato, le pareció interesante y entonces...

Lau 2: Sí.

Lau 1: Sí, ¡fijo fue eso!

Lau 2: No.

Lau 1: ¿No, o sí?... Otra opción es que se lo regalaran o se lo encontrara en algún lugar...

Lau 2: *(Mirando a Lau 1.)* No. Lo que intento decir es que sí soy mamá y también estudio. *(Se levanta a tomar agua del dispensador.)*

Lau 1: ¿Y cómo hace?

Lau 2: ¿Qué?

Lau 1: Debe ser muy cansado estudiar y ser mamá. Yo seguro me vuelvo loca. Ni sé si podría ser mamá.

Lau 2: No siempre se escoge.

Lau 1: Dígamelo a mí. A veces son otras personas las que quieren escoger por uno. *(Laura 2 vuelve a la silla y retoma la lectura de su libro.)*

(Silencio incómodo.)

Lau 1: ¡Disculpe! No quise molestar. Es que a veces creo que hablo de más y soy muy...

Lau 2: Tranquila.

(Silencio largo. Lau 2 sigue leyendo su libro y Lau 1 ve su celular.)

Lau 1: ¡Cómo se va el tiempo!, ¿verdad?

Lau 2: *(Asiente con la cabeza.)*

(Lau 1 saca de su bolso una bolita antiestrés. La usa y no para de mover uno de sus pies. Lau 2 la mira de reojo.)

Lau 1: *(Se percata de que Lau 2 la ve.)* Perdón, es que vieras que eso de esperar a alguien y que llegue tarde... ¡No lo soporto! Sufro un poquito de ansiedad, pero, no se asuste, ya lo puedo manejar. Antes, a cada rato, me daban ataques de pánico, pero por dicha ya los he podido controlar. ¿A usted no le ha pasado?

Lau 2: A veces.

Lau 1: Sí, es algo que no me pasa sólo a mí. Antes creía que yo era la única, pero luego de darme cuenta de que a casi todo el mundo le pasa, me sentí súper aliviada.

Lau 2: Sólo hay que entender el origen.

Lau 1: ¡Palabras sabias! Eso es lo que dicen los terapeutas. Usted debe estudiar algo de la salud. Sí... seguro ¿medicina, psiquiatría?...

Lau 2: Ninguna de las dos. Perdón, pero voy a seguir leyendo. *(Silencio largo... Lau 1 sigue con su bolita antiestrés.)*

Lau 1: ¡Qué pena! Creo que he sido una mal educada. Ni tan siquiera le pregunté su nombre.

Lau 2: *(Respira profundo.)* Lau.

Lau 1: ¿Lau, dijo?

Lau 2: Sí, Lau.

Lau 1: ¿Es en serio? ¡Qué mentira! ¡Somos tocayas! ¡Qué casualidad!, siempre me pasa eso. O sea, cosas así como raras... que uno siente que conoce a alguien de antes o que hay una energía diferente. ¿A usted no? ¿O será que eso sólo me pasa a mí?

Lau 2: En el mundo deben de existir muchas "Laus" supongo... No le veo nada extraño.

Lau 1: Sí, sí claro. ¡Diay!... También existen muchas Gabrielas, Sofías, Paulas,

Cristinas. *(En tono misterioso.)* Pero no todas se conocen. ¿Ha pensado en todas las "Laus" que pueden existir y todas las historias posibles?

Lau 2: Historias de historias, vidas de vidas.

Lau 1: ¡Ufff demasiadas historias!... Por ejemplo, yo estoy en este despacho por un motivo y usted supongo que por otro, pero ambas necesitamos estar aquí porque nuestras vidas, por alguna u otra razón, nos mandaron a este lugar.

Lau 2: Seguro que así es.

Lau 1: ¡Así es!, porque la vida siempre nos lleva de un lugar a otro con algún sentido, aunque no entendamos ni papa. *(Ríe.)* Y creo que eso es bueno. Al menos hoy agradezco que la vida cambie y que algunas cosas no sean para siempre.

Lau 2: Depende de uno.

Lau 1: ¡Sí! *(Confundida.)* ¡Eh!... Perdón, ¿qué?

Lau 2: Cambiar depende de uno.

Lau 1: ¡Ah, sí! Eso... Cambiar... *(Pensando.)* Bueno... Sí y no... porque a veces las circunstancias lo cambian a uno. ¡Pero bueno! También uno escoge adonde quiere ir, aunque cueste arrancar.

Lau 2: *(Cierra el libro y mira a Lau 1.)* No he dicho que sea fácil.

Lau 1: Pues no, fácil no es. Pero sí se puede. Solo hay que ponerle ganas. Aunque la verdad, ¡uno es bien terco!... No me lo está preguntando, pero varias veces he sentido que no puedo más.

Lau 2: No es la única.

Lau 1: ¿A usted también le ha pasado?... Es que verdad que no es tan senci... *(Es interrumpida por el sonido del celular de Laura 2; Lau 2 contesta la llamada.)*

Lau 2: No, aún no ha llegado. Sí es a la 1:00, pero pensé que tal vez podía atenderme antes... ¡Ay sí mami! Ya espero que hoy nos den los papeles y terminemos con todo... Sí, te aviso, pero esté atenta por si no me da tiempo de llegar para que vaya por Leo. Recuerde que hoy sale más temprano... ¡Gracias! ¡Chao!

Lau 1: ¿Necesita que el abogado la atienda antes?

Lau 2: Sería bueno.

Lau 1: Bueno, si llega ahorita y mis padrinos no han llegado le podemos decir que la atienda a usted primero y así yo no pierdo la cita y usted puede ir por su hijo.

Lau 2: Se lo agradezco.

Lau 1: ¡Con gusto! Así nos ayudamos las tocayas.

Lau 2: *(Guarda el libro en su bolso. Se muestra algo apenada.)* Sí. Espero que no tenga que perder la cita.

Lau 1: ¡Gracias! He esperado esta cita por años, pero finalmente es hoy. Hoy es un gran día.

Lau 2: Lo es.

Lau 1: Y ¿cuántos años tiene su hijo?

Lau 2: En dos meses cumple 7 años.

Lau 1: ¡Wow! Ya está grande, ¿está en el kínder?

Lau 2: En primer grado. Ya sabe escribir su nombre.

Lau 1: ¡Qué lindo! Recuerdo cuando aprendí a escribir el mío, aunque en ese momento no fue tan bonito la verdad. Pero justo hoy es un día especial para cambiar la historia.

(Lau 1 toma una revista de la mesa de centro, escribe en una esquina de la página su nombre y apellidos.)

Lau 1: Se ve lindo, ¿cierto?

Lau 2: *(Extrañada.)* Sí, bonita letra.

Lau 1: En poco tiempo ese será mi nombre completo. Así de completa como me siento hoy.

Lau 2: Bien, parece que le hace muy feliz.

Lau 1: ¡Claro! Lo he esperado casi toda mi vida... *(Se queda pensando.)* Aunque, la verdad, hace mucho dejé de ser la antigua Lau. No he necesitado un papel que lo diga, peeeero no se imagina como esto me llena de absoluta paz.

Lau 2: Paz... no sé.

Lau 1: ¿Qué?

Lau 2: La paz.

Lau 1: ¿Y qué es lo que no sabe?

Lau 2: Que se alcance por completo... No sé si sea posible.

Lau 1: Para mí sí. Hay momentos en que se siente completa paz.

Lau 2: Por eso... son momentos nada más.

Lau 1: Con una actitud pesimista es más difícil.

Lau 2: Hay que ser realistas.

Lau 1: Pues mi realidad en este momento es que sí se puede... porque es lo que siento... y esa paz me ha costado.

Lau 2: No es fácil.

Lau 1: ¡Uff! No ha sido fácil. Más cuando la vida lo revuelca a uno y se pierde toda esperanza.

Lau 2: Y entonces la paz se vuelve algo inalcanzable.

Lau 1: Probablemente, pero cuando una cree que más hundida o muerta está... ¡tarán!... Aparece la salida como por arte de magia o por un plan de lo divino, cómo se quiera ver.

Lau 2: Por arte de magia definitivamente no.

Lau 1: ¡Bueno es un decir! Al menos para mí es "magia" porque, como muchas otras personas, no lo creía posible... Como usted tal vez.

Lau 2: Disculpe, es solo que no soy de ver las cosas tan "románticas".

Lau 1: Entiendo, pero, aunque no se esté totalmente en paz o feliz, en algún momento uno puede estar más segura y, un día sin notarlo, te sentís mejor.

Lau 2: Es un proceso.

Lau 1: Parece que no sólo yo he atravesado ese camino.

Lau 2: Historias de historias.

Lau 1: Vidas de vidas.

(Ambas sonríen.)

Lau 2: A fin de cuentas, dicen que todo es temporal.

Lau 1: Pues sí, aunque recuerdo cuando escuché esa frase de que todo pasa o se cura. *(Confundida.)* ¡Ay! ¿cómo era?... ¡Ah, sí! *(Subiendo el volumen de su voz en modo discurso.)* "El tiempo todo lo cura".

Lau 2: ¿Y sí cree que sea así? Porque si el tiempo sanara, a mí me quedó debiendo muchos años.

Lau 1: La verdad, cuando escuché esa frase por primera vez tenía como 8 años y, esta niñita con sus ojos grandes, pasaba horas de horas viendo un reloj en la pared de la cocina... Deseando que las agujas se movieran más y más rápido, tic-tac-tic-tac, ¡vamos, vamos! Pero el tiempo pasaba y nada cambiaba.

Lau 2: Yo no tenía esa inocencia. Nunca creí que el tiempo pudiera curarnos. Es algo completamente absurdo.

Lau 1: La verdad a mí me gustaba creerlo. Entre todo, algo de inocencia me quedaba.

Lau 2: El tiempo no cura las heridas, solo las oculta. Al final vuelven a aparecer.

Lau 1: Y aquí es donde hay que ser optimistas y confiar en que se pueden curar... y no es necesariamente por el tiempo.

Lau 2: Dejar al azar mi felicidad no fue una buena idea. Las heridas se curan con el esfuerzo de una y nada más.

(Ambas se ven con una mirada cómplice.)

Lau 1: Al fin pensamos igual en algo.

Lau 2: *(Ríe.)*

Lau 1: ¡Me agrada ver que sí sabe sonreír!, porque nosotras las Laus nunca perdemos el humor.

Lau 2: Perdón, es que desde niña siempre me ha costado confiar en la gente. Pero tiene razón. El humor es parte de las Laus. Aunque confieso que mi humor es algo particular... pero me ayuda a sobrellevar algunas cosas.

Lau 1: Entiendo, no se preocupe. Confiar es complicado. Yo, la verdad es que ahora soy una bombeta, pero chiquitilla, y todavía en la adolescencia, fui muy tímida o, más bien, me obligaron a serlo. Ahora no paro de hablar. Me gusta mucho poder hacerlo. Vencer temores se siente bien.

Lau 2: Espero algún día poder hacerlo.

Lau 1: Sí se puede. Es cuestión de crecer.

Lau 2: ¿Crecer? Yo crecí a la fuerza, saltando etapas que hoy estoy tratando de recuperar.

Lau 1: ¿Recuperar?

Lau 2: No es fácil.

Lau 1: Lento, pero seguro.

Lau 2: Supongo.

Lau 1: Todo es cuestión de actitud.

Lau 2: De verdad que usted es el optimismo en su máximo esplendor. *(Ríe.)*

Lau 1: Ya entiendo su "humor particular" ... ¿o sarcástico?

Lau 2: Perdón, es que a veces ese positivismo me resulta difícil de asimilar.

Lau 1: Hay que sonreír y brillar, aunque el alma esté rota.

Lau 2: ¡Ok!... Solo le faltó la escarcha y los corazoncitos.

(Ambas ríen.)

Lau 1: Y ¿se puede saber porque está aquí? No es por lo mismo que yo... ¿O sí?

Lau 2: No lo sé.

Lau 1: ¿Cómo que no lo sabe?

Lau 2: Sí, no lo sé, porque no soy adivina. O sea, no sé porque usted está aquí; por lo tanto, no sé si es lo mismo por lo que yo vengo. *(Se ríe sarcásticamente.)*

Lau 1: ¡Ah! ¡Ahora sí me la aplicó! Como que ya agarró confianza la muchacha. *(Ambas ríen.)*

Lau 1: Bueno, entonces empiezo yo. Le cuento que esto de estar con abogados y temas legales ha sido parte importante de mi vida. Pero no vaya a creer que soy una sicaria o algo por el estilo. *(Riendo.)*

Lau 2: *(En tono burlesco.)* ¡Ay qué miedo! Por eso no confío en la gente. Mejor llamo a la policía.

Lau 1: Pues, aunque no lo crea, desde muy pequeña me enseñaron que debía correr de los policías, o mentirles a los abogados, o a cualquier persona que me hablara; porque así todo iba a estar "bien". Eso era lo que siempre me decían mi "mamá" y mi padrastro.

Lau 2: Algo parecido me decía mi "papá".

Lau 1: ¿También era buena mintiendo? Porque yo la verdad fui ¡toda una experta! Bueno… no es que me sienta orgullosa de eso. *(Pausa.)* Pero aquella inocente niña sí dependía de eso para salvar su pellejo.

Lau 2: Lo era y lo soy.

Lau 1: ¿Qué?

Lau 2: Mentirosa.

Lau 1: Bueno yo también. Pero solo cuando es necesario. *(Ambas ríen.)*

Lau 2: Parece que llamarnos igual no es lo único que tenemos en común.

Lau 1: Te lo dije, mis vibras no me fallan. Nada es casualidad. Todo es… *(Haciendo énfasis en la sílaba "cau".)* "Causalidad".

Lau 2: ¿Y eso qué significa? *(En tono sarcástico.)* ¿Que estábamos destinadas a que nuestras vidas se cruzaran?

Lau 1: ¡Sí! No es coincidencia. Todo tiene una razón de ser. ¡Pero bueno! Supongo que para usted eso es algo imposible o muy "romántico". *(En tono sarcástico.)* Se requiere una conciencia muy elevada para entenderlo. *(Se ríe.)*

Lau 2: Parece que ahora la sarcástica es otra.

Lau 1: Causa-efecto, que llaman.

(Ambas ríen.)

Lau 2: ¿Y supongo que además de mentir, eras buena fantaseando? Es una habilidad que va de la mano.

Lau 1: Definitivamente. Inventarme historias era mi *hobby* favorito.

Lau 2: ¿Un *hobby* o un escape?

Lau 1: Ambas.

Lau 2: Todos los días, desde el corredor de la casa, me quedaba perdida viendo la calle horas de horas y me creaba infinidad de historias… La que más me gustaba era cuando me veía en una hamaca, en un campo verde muy grande lleno de flores amarillas; llevaba un vestido azul cielo, el viento me mecía y yo cantaba sin parar, sentía gotitas diminutas de agua cayendo sobre mi cuerpo refrescándome y limpiando todo dolor. Y me quedaba con esa sensación de libertad para el resto del día. *(Suspiro.)* Todavía ese es mi lugar seguro.

Lau 1: ¡Qué hermoso!

Lau 2: Un poco empalagoso.

Lau 1: Puede ser romántica de vez en cuando, no es tan difícil. *(Ríe en tono burlesco.)* Solo que le faltó el violín al final.

(Ambas ríen.)

Lau 1: No, en serio. ¡Qué bonito! ¡Nada como sentirse libre!

Lau 2: Pero ojalá fuera tan fácil como imaginarse esas historias color rosa.

Lau1: ¡Ay no! Ahí va de nuevo.

Lau 2: ¿Qué?

Lau 1: Nada, olvídelo. Yo estoy aquí para sentirme más libre.

Lau 2: ¿No era para sentirse más en paz?

Lau 1: Ambas.

Lau 2: ¡Wow! Espero que no nos cobren muy caro.

Lau 1: ¿Por qué?

Lau 2: Digo, porque si aquí se consigue la paz y la libertad, no debe ser muy barato.

Lau 1: ¡Ah! ¿Entonces usted también viene por eso? Digo porque acaba de decir que espera que no... *(Haciendo énfasis.)* NOS cobren muy caro.

Lau 2: Puede ser.

Lau 1: Entonces ahora seremos "Las libres Laus".

(Ambas ríen.)

Lau 1: Aunque mi libertad creo que comenzó a mis 12 años, cuando nos agarró la policía.

Lau 2: ¿Cómo? Eso suena algo contradictorio. Estoy empezando a creer que sí podría ser una sicaria. *(Ríe.)*

Lau 1: *(Riendo.)* No, ¡es enserio! ¡Así fue!

Lau 2: Entonces esa niña mentirosa y que se escondía de los policías ¿ese día no pudo escapar?

Lau 1: No pudimos escapar. Ya no hubo donde esconderse. Por dicha se les acabaron los escondites a mi padrastro y a mi mamá.

Lau 2: Hay cosas que no pueden esconderse para siempre.

Lau 1: No sabía qué me daba más miedo... ¿El silencio o hablar?

Lau 2: Para mi hablar no era una opción.

Lau 1: Aunque estaba paralizada de terror, en el fondo sabía que había llegado el momento de salir de esa casa. ¡Era el momento más esperado!

Lau 2: O inesperado.

Lau 1: Y aquí estoy. Hoy puedo decir que el día en que me atrapó la policía fue uno de los días más felices de mi existencia. *(Riendo.)*

Lau 2: Y vaya que eso no lo puede decir cualquiera.

Lau 1: No fue nada fácil. Todavía ahí dudaba en romper el silencio. ¡Tenía mucho miedo! No sabía lo que era estar a salvo. No sabía dejar de jugar a las escondidas. Era comenzar paso a paso; aprender a ser libre, aunque no confiaba en que fuera posible.

Lau 2: ¡Ah! Entonces no siempre fuiste tan optimista. Ves que la vida no es tan "rosadita".

Lau 1*: (Molesta.)* Por supuesto que lo sé, pero no por eso voy a ver todo negro. Al menos no es lo que quiero para el resto de mi vida.

Lau 2: Yo tampoco, disculpa… En realidad, no es que quiero ver todo mal; es solo que no soy tan "dulce". Siempre he creído que eso me puede hacer vulnerable.

Lau 1: Sí lo sé, ya pasé por ahí. Pero la vulnerabilidad no es debilidad, todo lo contrario.

Lau 2: Espero algún día verlo de esa forma.

Lau 1: Ojalá. Pero bueno ya hablé mucho, mejor cuénteme ¿Esta Lau, *(Señalando a la Lau 2.)* que me puede decir de su libertad?

Lau 2: Bueno, acepto que a mí nunca me ha atrapado la policía. *(Riendo.)*

Lau 1: Lo sé, soy una versión limitada.

Lau 2: Tampoco tuve que salir de casa, a pesar de que ahí era también mi "prisión".

Lau 1: Y entonces… ¿Será que aquí la sicaria es otra?

Lau 2: No… Pero maté muchas veces en mis fantasías.

Lau 1: ¡Aaah! si es así, podemos llamarnos también las "Laus asesinas".

(Ambas ríen.)

Lau 2: Pero nada de eso me llevó a mi libertad. Un día, una noticia llegó. Y un ser inesperado fue quien me trajo la liberación.

Lau 1: Eso suena mucho más tierno que mi historia de policías.

Lau 2: ¡Sí que es tierno! Esa es la parte tierna de mi vida.

Lau 1: Adivino. Ese ser inesperado es… ¡Tu hijo!

Lau 2: Muy inteligente, mi estimada tocaya.

Lau 1: Lo sé, las Laus somos inteligentes.

Lau 2: Esa tarde, como todas desde hacía diez años, creía que todo estaba perdido. Recibí la noticia y, la verdad, en mi mente ingenua llena de temores y amenazas, solo pensé que ahora sí mi final había llegado.

Lau 1: Pero era otro final el que había llegado.

Lau 2: Fue toda una locura, pues lo escondido por tantos años salió a la luz en unas cuantas horas. Ahí estaba la prueba más contundente de lo que pasaba esas tardes.

Lau 1: Entiendo.

Lau 2: Esa adolescente que aún seguía siendo una niña tímida y silenciosa, en su inocencia sentía culpa y creía que su madre la iba a odiar y que nadie le iba a creer. Pero para mi sorpresa, ahí comenzó mi libertad, la de mi mamá y mis hermanos... Cuando en realidad siempre creí que callar era "protegernos".

Lau 1: Nos protegimos a nuestra manera, como lo podían hacer esas niñas.

Lau 2: Claro, pero como usted decía ahora, ¡crecimos!

Lau 1: Algo así como el ave esa que vuelve a nacer. ¿Cómo es que se llama?

Lau 2: Fénix. El ave Fénix.

Lau 1: ¡Esa misma! *(Toma de nuevo la revista en la que escribió su nombre.)* Será que aprovecho y me pongo "Lau Fénix". Aunque... No combina mucho con mis nuevos apellidos.

(Ambas ríen.)

Lau 2: ¿Y esos apellidos?

Lau 1: Los de mis padrinos, donde fui luego de que la policía me atrapara o, más bien, me rescatara.

Lau 2: Entiendo. Nos rescataron situaciones diferentes de historias parecidas y cada una sobrevive a su manera.

(Sale la secretaria a la sala de espera.)

Secretaria: ¡Buenas tardes! En cinco minutos llega el abogado. Usted... *(Refiriéndose a Lau 1.)* ¿Viene por un proceso de cambio de apellidos, cierto?

Lau 1: Correcto.

Secretaria: ¿Y usted?

Lau 2: Cambio de apellidos. Míos y los de mi hijo.

(Lau 1 y Lau 2 se miran y sonríen.)

Escena 3

(Mujer adulta sentada en un sillón, mirando un reloj en la pared. Sigue con su mirada el segundero.)

¡Uy, perdón! Es que por un momento me quedé ida. ¡Qué pena! Esto me pasa siempre. Me desconecto... me pierdo sin darme cuenta.

Sí, claro. Estoy bien, no se preocupe. Es que no sé por dónde comenzar... estoy algo nerviosa.

(Respira profundo varias veces.)

¡Bueno! Gracias. Creo que me siento mejor... Es que no es fácil hablar de esto... Es difícil ubicar en el tiempo recuerdos que he querido borrar prácticamente toda la vida.

Es más, para serle sincera, ni siquiera sé quién soy la mayoría del tiempo. Muchas veces me pierdo entre los diferentes intentos de ser "mi mejor versión" y... amarrar cada una de esas versiones ha resultado un profundo fracaso. Tengo un gran enredo en mi cabeza.

¡Ay, no! ¡Qué vergüenza! Usted va a creer que estoy loca ¿verdad?... Esa es la reacción de todas las personas que me conocen. Si lo piensa, no le culparía para nada. Yo misma creo que lo poquito de cuerda que me quedaba se fue hace mucho tiempo.

Pero vieras que, a pesar del desastre de mi cabeza, algunos recuerdos están ahí siempre. Son tan nítidos que parece que los vivo en el presente. Tanto es así que los siento impregnados en cada parte de mi cuerpo... Mire que no es mentira, hasta se me paran los pelitos. *(Mostrando sus brazos.)*

Disculpe, pero de verdad, me cuesta mucho todo esto. Para mí siempre es más fácil hablar de otras personas que de mí misma. Vieras que, en una ocasión, una persona me dijo que yo simplemente no había aprendido a vincularme. En ese momento no entendía a qué se refería, pero cuando lo comprendí, pasé llorando un montón de días. Fue triste saber que no se equivocaba. Y es que así soy todo el tiempo. No puedo hablar de lo que siento con nadie. Justo como ahorita.

Yo le agradezco mucho que me esté escuchando, pero si se cansa dígamelo, porque soy consciente de que hablo mucho y no digo nada. Seguro por eso he guardado todos estos recuerdos por más o menos 20 años. La primera vez callé. La segunda vez también. La tercera y todas las malditas veces. Perdón por el vocabulario.

¿En serio no le molesta? Qué dicha, porque soy algo mal hablada.

¿Por qué estoy aquí? Eso es lo que me preguntó ¿verdad?... Y aún no le he contestado *(Respira profundo y mira de nuevo el reloj de la pared.)*

¡Uy, perdón! Me quedé pensando y por algunos segundos mi cabeza me habló y me dijo: *(En tono burlesco.)* "Estúpida no hay nada más que hacer". Pero aquí estoy, intentando nuevamente ser la mejor versión de mí.

Creo que este es mi último cartucho. Ya estoy cansada de intentar todas las posibles alternativas para "curarme". Sólo le puedo decir que hay una mínima parte de esta mujer que tiene esperanza de salir de su infierno.

Tengo casi dos meses sin consumir. No es mucho, lo sé, pero siento una pequeñísima sensación de orgullo y quiero creer que quizá sí exista una salida. Alguna de todas esas versiones que vive en mi interior quiere seguir luchando en esta guerra.

¿Usted me está entendiendo?... Gracias. Sé que no soy muy buena expresándome.

Siento que hay una batalla eterna dentro de mí. *(Con su voz quebrada, trata de contener el llanto.)* Una parte quiere luchar y otra viene a recordarme que nunca he podido. Por eso, muchas veces he intentado desaparecer y acabar con todas esas voces y, a pesar de usar todos los métodos letales posible, sigo aquí... Ni yo me lo creo.

Perdón. *(Toma agua y respira.)* No me gusta llorar. Me enoja mucho.

¿Y sabe por qué? *(Enojada.)* Porque todo es una completa farsa. Cada una de esas aparentes "oportunidades" de volver no han sido más que para seguir comiendo mierda. Estoy harta de que todo el mundo me recite una y otra vez que tengo "una nueva oportunidad, que la aproveche". ¡Ajá! ¡Claro! Pero cuando veo a mi alrededor estoy sola de nuevo.

Cada vez que me quiero levantar viene un nuevo monstruo a impedirlo. Esto que le digo es real. Siento que toda mi vida el tiempo se ha empeñado en juntar los restos que me quedan y los desmenuza en pedacitos. Ya no sé qué queda de mí.

Disculpe, es que ni tan siquiera sé cómo controlar toda esta maraña de emociones. *(Toma más agua.)*

¡Gracias! No me diga que puedo sentir lo que quiera, porque me lo voy a tomar en serio y luego me van a venir a sacar por estar gritando o llorando como loca. *(Ríe.)*

Quiero que sepa que esta no es la primera vez que me siento a hablar de mis problemas, pero sí es la primera vez que estoy dispuesta a hablar de esos recuerdos del baúl de los secretos.

Es que nunca he querido hacerlo. ¡Duele mucho! Sinceramente siempre lo he tratado de evadir, entonces hablo de mi adicción, mis intentos suicidas, mis relaciones desastrosas, mi divorcio, mis problemas para comer y así...

¿Usted me puede decir si esto me pasa solo a mí?

Esto de ser atacada una y otra vez... ¿Es posible que haya un rótulo en mi frente que solamente yo no veo y que pone mi cuerpo a disposición de todos los pervertidos asquerosos que existen?... Si es así, ¿cómo me lo quito?... Ya no quiero tenerlo más. Ya no me lo aguanto.

Quiero enterrar todo, pero parece que ya no queda campo. Se rebalsa sin poder contenerlo.

¿Usted cree que por eso nada me funciona?

¿Enmascarada?... Hmmm... ¿Será?... Pensándolo bien, creo que usted tiene algo de razón. Máscaras no me han faltado en la vida.

Desde que recuerdo, me ponía la máscara de "todo está bien", aunque en mi casa había un completo desastre. Me ponía la máscara de "sonreír ante todo", sabiendo que mis papás se estaban divorciando. Me ponía la máscara de "nada me importa", cuando quería un abrazo de mi mamá y ella no tenía ni una puta idea de lo que era dar afecto.

¿Usted cree que haya máscaras que se aferran más que otras?

Lo supuse... *(Respira profundo.)*

Sé que tengo que ir desenmascarándolas. Le entiendo lo que me dice. Sé que estoy aquí para eso. Solo espero que me tenga paciencia y me ayude.

(Toma un trago de agua.)

Creo que mi máscara más fuerte me la puse a los 10 años. Era navidad. Estrenaba mi regalo en la calle cerca de mi casa... Todo fue muy rápido. En un segundo estaba en aquel lote sin poder gritar, llorar o correr... Me desconecté por varios minutos hasta que acabó... *(Respira profundo.)* Me levanté y me sacudí. Algunas lágrimas salieron, pero las limpié. Llegué a mi casa. Me bañé y me puse la máscara de "aquí nada pasó", sin quitármela hasta el día de hoy.

¿Cómo hice?... La verdad ni yo sé... Lo que sé es que a partir de ahí no volví a ser la misma. Antes de eso, era una niña sensible y hasta cariñosa, pero no pude evitar volverme fría.

Es tan triste tener que ser otra para poder defenderse. No sabe cuánto odio la reacción de mi cuerpo cuando se contradice con mi mente y mis emociones.

Odio estar a la defensiva cuando me quieren dar cariño. ¿Y sabe que es lo que más odio?... Que me juzguen por todo esto. Que me digan que soy una amargada insensible. *(Llora, pero inmediatamente se contiene.)*

(Respira.) Perdón... Sé que la gente no sabe y créame que tampoco pretendo que se pongan en mis zapatos. Jamás he querido que la gente se sienta igual de horrible que yo... Me enoja tanto sentirme culpable, no sólo por lo que pasó esa navidad, sino por todo lo que vino después.

Sí, yo sé... Los únicos culpables de toda esta miseria son esos desgraciados, pero todos los días en mi cabeza están esos malditos pensamientos preguntándome: ¿por qué no grité? ¿Por qué no me defendí? ¿Por qué no dije nada?

Siento que me condené a estar triste de por vida y ahora no sé cómo escapar. *(Llora sin controlarse.)* Es tan difícil entender que no fue mi culpa... Me lo repito una y otra vez: "no fue mi culpa, no fue mi culpa, nada es mi culpa" y por más que lo digo, me come por dentro. Es como una tortura.

(Pausa. Toma otro trago de agua.) Sí, no se preocupe. Es que siento que tengo que continuar. Este es el momento... ¿Por dónde iba?... ¡Perdón!... Otra vez me desubiqué.

¿Mi adolescencia?... ¡Una completa mierda!... Llegó ese momento en que el cuerpo crece y lo único que quería era ocultarlo... Que no se vieran mis pechos o las curvas, pero, aun así, nada pudo esconderlo.

Me comencé a sentir todavía más loca, más inestable, confundida y la gente empezó a señalarme más... como dicen: "La oveja negra de la familia". Y a fin de cuentas me lo creí. Drogas, alcohol, sexo, fiestas... ¡ah! y también me empecé a cortar... Una vez leí que eso uno lo hace para no sentir tanto dolor por dentro. Ahora entiendo porque lo hice tantas veces. Pero el dolor se fue por ratitos nada más.

Con el paso del tiempo, me di cuenta de que, de esa chica perdida, otros monstruos pervertidos se aprovecharon. Quienes decían ser "mis compas". ¡Claro!... Drogada quedaba a entera disposición mi cuerpo.

¿Y usted me dice que no me tengo que sentir culpable de eso?... Yo le entiendo, pero dígame, ¿cómo diablos me quito esa carga de encima?... Sabía lo que hacía y, sí, ahora entiendo que ninguno de esos imbéciles se tuvo que aprovechar de mi condición, pero nuevamente la culpa me carcome.

Me siento tan miserable. Hasta me da vergüenza con usted. No tengo nada bueno que decir. Se me acumularon las historias tristes. Eso de ser feliz definitivamente no es lo mío.

Sí, tiene razón. La verdad sí he tenido alguno que otro momento, pero no han sido períodos muy largos. Es que todo vuelve a caer a lo mismo. Después de toda mi trágica adolescencia, decidí que podía volver a empezar. Entré a la universidad, saqué mi carrera, trabajé y hasta me casé.

¡Sí, sí! La verdad por un momento creí que la felicidad había llegado a mí, peeero... ¿Ha escuchado las palabras "alegrón de burro"?... Así fue para mí esa prueba de querer ser feliz. Como si fuera poco, después de haber pasado ya por varias penumbras, venía otro infierno en mi propia casa... Soledad, discusiones, celos, control, agresión, humillación y de allí salí directo al loquero.

De hospitales a los centros de rehabilitación he andado los últimos nueve o diez años. Siempre incomprendida por mi familia. Ellos quieren verme bien, pero con sus comentarios no hacen más que lastimarme. Todo lo que importa ahora es que no vuelva a consumir. Parece que eso es lo único que represento para ellos... "Una adicta" y nada más.

(Respira profundo varias veces.) Aquí no termina todo. *(Vuelve a ver el reloj.)* ¡Qué pena! ¿No le estoy atrasando? Es que siento que le estoy vomitando todo lo que mi cuerpo ha guardado por años.

Perdí la noción del tiempo. *(Se queda viendo otros segundos el reloj.)* ¿Ese tic-tac-tic-tac no le cansa?... Por eso no uso reloj. No me gusta saber que el tiempo avanza y yo no. ¿Sí puedo continuar? No quiero atrasarle con su trabajo... ¡Gracias!

¿Se acuerda lo que le decía del rótulo en mi frente? Una razón más por lo que hoy sigo creyéndolo es porque volvió a pasar más veces. Esta vez pasó en el lugar donde se suponía me iba a recuperar. "Un buen lugar para renovarme", me decía mi papá, sin saber que aquella mierda que cargaba su hija se iba a hacer más grande.

Y así aumenta mi lista de monstruos depredadores. El mecanismo de éste fue darme droga a cambio de chupársela todos los días. Sólo cerraba mis ojos y contaba en mi cabeza hasta que terminaba. De todas formas, luego con ¨mi sustancia mágica¨, eso iba a desaparecer por unas horas. Esa era mi "solución" ... después de vomitar por supuesto.

Una experiencia más que callar porque, ¿quién le iba a creer a esta adicta?... Así me lo dijo la funcionaria a la que se lo conté antes de salir. ¡Claro! El prestigio de la institución para la que trabaja no podía mancharse... Mi cuerpo sí.

Luego de esto ya no veía esperanza y me volví una experta en autodestruirme. La soledad y el silencio se volvieron mis mejores amigos y, a la vez, mis peores enemigos. A veces creo que morí varias veces entre cuatro paredes a pesar de que sigo respirando. Todo esto me llevó a mi último depravado...

Sí. Aunque no lo crea, hay uno más en la lista. Luego de mi último intento de morir estuve internada en el hospital y ahí apareció otro del clan de los pervertidos. ¡Claro! Un buen lugar para aprovecharse de "las loquitas", como nos decía. Un enfermero o, más bien, un "enfermo". En una ocasión me encerró en una sala y nuevamente mi cuerpo se paralizó. Cerré los ojos y conté hasta que se fue.

Esta vez no pude callar. ¡Ya era demasiado! Ese día me sentí tan cansada y harta de todos estos abusos... No podía seguir guardando silencio y exploté. Creo que luego de tanto se me habían acabado las máscaras... Le conté a una compañera de cuarto que estaba ahí por lo mismo que yo, porque, como usted sabe, hay muchas con estas historias. Por primera vez confié en alguien. Me creyó y me apoyó. Hoy lamento mucho que ya no esté. Al final, a ella sí le resultó su método letal.

La denuncia está y no sé qué va a pasar, pero lo hice. Aunque no haya hablado de los demás, quiero hacer justicia por todos lo que se cagaron en mi vida.

Y hoy solo quiero saber ¿si tengo cura?... ¿Si es posible que, a pesar de todo esto que le conté, pueda aprender a vivir y ser una mujer normal?

Necesito que me ayude. No sé vivir con todo eso: con mis miedos, mi culpa, mis resentimientos, las pesadillas, los recuerdos, la depresión, la ansiedad, la incomprensión, los diagnósticos psiquiátricos... No sé cómo solucionarlo. No sé cómo conseguir que mi cuerpo, mi mente y mis emociones caminen a la par sin lastimarse.

Quiero tomar las riendas de mi vida, aunque lleve todo esto a cuestas. Conozco historias de otras que lo han hecho... Abusadas por sus familiares, vecinos, profesores, conocidos, por otras mujeres y hasta sacerdotes y, aun así, han podido salir adelante.

¿Cómo es que yo no? De verdad deseo con todas mis fuerzas ser una más de ellas. Quiero sobrevivir.

Escena 4

(Natalia, mujer de la escena uno, con una apariencia más madura. Una luz la ilumina. El resto del escenario a oscuras. Está sentada en un escritorio con libros y una computadora portátil en la que escribe. Se encuentra tarareando la melodía de la canción "El tiempo".) (De fondo se escucha la voz de un niño.)

Carlitos: ¡Mami súbala!

Natalia: *(Sonríe.)* Sí mi amor... pero ¡eso sí!, cántela a grito pelado.

Carlitos: Ponga la parte más chiva.

Natalia: ¡Voy!... ¡Uno, dos y tres!

Carlitos: *(Cantando.)*

Y es el tiempo que se pasa lento,

la vida tiene algún intento

que puede traer luz o la oscuridad.

Natalia: *(Se une al canto.)*

Es un momento tan grande que parece un sueño.

Tan único que lleva al cielo.

Se escribirá la historia será real.

Carlitos: ¡Gracias mamita! ¡Buenas noches! Termine la tarea para que se saque un 100.

Natalia: *(Sonríe.)* Sí Carlitos, ¡te amo!

Carlitos: ¡Yo también te amo!

Natalia: *(Para sí misma.)* ¡Qué rico poder cantar a grito pelado!

(Continúa escribiendo, leyéndolo en voz alta.)

Hoy grito desde lo más profundo de mi alma.

De mi garganta que ya no calla, ya no guarda.

Soy sobreviviente, descubrí mi fuerza interior.

Esa es mi energía, es mi mayor poder.

Hago caso a mis sentimientos, sentir ya no duele.

Tengo un presente y un futuro para sonreír.

(Se apaga la luz de Natalia. Inmediatamente se enciende otra luz, iluminando a Lau 2.) (Lau 2 hablando por su celular con un sobre en su mano.)

Lau 2: Sí mami, ya los tengo en mi mano. ¡Al fin!... Dígale a Leo que ya casi llego, chao...

(Observando el sobre.) Pude vencer al monstruo. Liberé la culpa... *(Sonriendo, moviendo el sobre.)* Hay muchas maneras para hacer justicia... *(Sale del escenario.)*

(Se ilumina todo el escenario. Están Lau 1 y mujer de escena 3 sentadas en el escritorio.)

Mujer: No sé cuánto tiempo ha transcurrido desde la última cita. Ya sabe que el tiempo y yo no concordamos mucho.

Lau 1: No te preocupes. A todas nos ha pasado. ¿Y hoy que me puede decir?

Mujer: Que lo estoy intentando. Quiero sobrevivir, aunque no es fácil hacerlo.

Lau 1: Intentarlo es lo importante.

Mujer: Trato de no rendirme a la lucha de los días, de las noches, de soledad... Hoy reconozco que he sido valiente y fuerte. Creo que está bien porque he vuelto a sonreír.

Lau 1: ¡Genial! Sonreír es un muy buen síntoma. Queda mucho que trabajar, pero estas creciendo.

Mujer: ¡Gracias! Prometo que lo seguiré intentando.

Lau 1: Te espero la próxima cita.

(Ambas se levantan y se abrazan. Mujer sale del escenario. Lau 1 la sigue con su mirada.)

Lau 1: *(Toma un certificado de graduación que está en el escritorio. Lo lee en voz alta.)* Licenciada Lau P.S.G, ¡Cuánto amo mi nombre! *(Hablándose a sí misma.)* ¡Lo lograste Lau! Sigue cumpliendo sueños y que la esperanza te inunde... *(Respira profundo con una sonrisa.)* Dejar de ser una víctima es lo más maravilloso que me ha sucedido. Después de todo... sobrevivimos...

FIN.

"Ausencias Artesanales"
... libres de gluten

De Raquel Hernández

Personajes:

Ananá: Tiene 38 años. Instructora de Yoga. Tiene 7 meses de embarazo. Ofrece clases de yoga para mujeres embarazadas. Tiene un estudio "Embarazos felices" frente al parque. Estudia para ser partera. Su parto se llevará a cabo en su casa, con sus amigas. Será madre soltera. Hace calor y decidió hacer su clase en el Parque.

Bartolo: Tiene 38 años. Es ingeniero electrónico. Trabaja desde su casa, pero, por el calor, salió a caminar por el parque. Nunca hace ejercicio y nunca sale al Parque. Es solitario. Le gusta la música. Colecciona música del mundo. Tiene un toc: "manos limpias siempre".

Inicio

Un día cualquiera de mayo con características de octubre. Hace un calor infernal. Están en un parque en el centro de la ciudad. Detrás hay un hospital.

Escena de teatro 1

Ananá realiza su práctica de yoga en el Parque.

Bartolo llega al Parque. Encuentra una banca. Saca un rollo de servilletas de papel. La limpia. Se sienta en la banca. Coloca su hielera. La limpia. Busca música. Limpia el aparato. Se pone alcohol en gel. Se lo pone en sus manos. Mientras hace esto murmura la canción que escucha. Descubre a Ananá y se impresiona por ver la postura que realiza una mujer embarazada. Se detiene unos segundos y luego continúa con su actividad. Se sienta y se prepara. Canta una canción mientras se dispone a comer un mango que saca de su hielera.

Ananá escucha el ruido de la voz de Bartolo. Trata de no perder la concentración.

Bartolo canta más fuerte.

Ananá se sienta. Cruza las piernas, junta las palmas de las manos y las lleva al pecho. Canta un mantra. Ananá canta más fuerte su mantra. Esto llega a formar una melodía en la que se responden con sus cantos. Casi forman un diálogo con sus cantos.

Bartolo no determina a Ananá y tampoco es consciente de la molestia que le causa.

Ananá termina resignada. Su última postura y se prepara para el savasana. Una vez iniciado el savasana, se da cuenta que no se puede concentrar, por lo que desiste, pues los sonidos realizados por Bartolo no le permiten continuar su concentración. Se siente molesta, pero es muy pacífica. Decide interpelar a Bartolo muy suavemente.

Ananá: ¡Hola!

Bartolo: *(No escucha y no reacciona.)*

Ananá: ¡Disculpe!

(Bartolo no escucha.)

Ananá: ¡Señor!

(Bartolo la mira.)

Ananá: ¡Hola!

Bartolo: ¿Es conmigo?

Ananá: Sí, es que usted está cantando muy alto y me interrumpe.

Bartolo: ¡Oh lo siento! Escucharé, no cantaré.

Ananá: ¡Gracias! *(Retoma su savasana.)*

(Bartolo disfruta su mango con mucho ruido.)

Ananá: ¡Disculpe!

Bartolo: Dígame.

Ananá: Es que está comiendo muy rico y hace mucho ruido y me interrumpe.

Bartolo: ¡Oh lo siento! Comeré sin ruido.

Ananá: ¡Gracias!

(Ananá retoma su savasana, pero se antoja del mango.)

Ananá: ¡Disculpe!

Bartolo: Dígame.

Ananá: Es que está comiendo muy rico y su música es muy agradable, pero sobre todo sepa que usted está comiendo mi fruta favorita durante este hermoso y sagrado periodo que estoy viviendo. Veo que tiene en su pequeña hielera más mangos y, realmente... ¡Ay qué pena! Usted dirá que soy una abusiva, pero como puede observar estoy embarazada y ¡viera qué embarazo tan lleno de antojos! Si usted supiera... la otra noche, mejor dicho, la otra madrugada, desperté a las 3 de la mañana con un antojo de chicharrones...

(Bartolo la observa sorprendido pues no entiende porque una completa desconocida le cuenta cosas de su vida personal.)

Ananá: ... Y pensé: ¿dónde voy a encontrar chicharrones a esta hora? Y a la bebé le dije: "mira, pequeña glotona, parece que se te olvida que mamá es vegana". Imagínese. Llevo 15 años sin comer carne, ni gluten, ni nada que contenga plaguicidas. Yo compro en un mercado en el que todos los productos, ¡óigame!, ¡escúcheme bien lo que le voy a decir!... Absolutamente todos los productos están certificados como libres de plaguicidas. Si tan solo me comiera una pequeña porción de carne, aunque fuese pescado, me intoxico y, en este estado, usted comprenderá la tragedia.

Bartolo: Claro.

Ananá: Caballero, ¡discúlpeme nuevamente! Sé que lo debo aburrir, pero es que tengo mucha hambre.

Bartolo: Me lo imagino. Tiene 15 años de pasar hambre.

Ananá: ¡Ay no, qué dice! Yo me alimento bien. Procuro llevar una vida bastante saludable. Quiero que mi bebé esté sana y fuerte. Y sobre todo sea hermosa. Que nunca se enferme.

Bartolo: ¿Ella también será vegana?

Ananá: *(Se rie nerviosa sin comprender la pregunta de Bartolo.)* ¿A qué se refiere usted? Bueno imagino que usted sabrá que los primeros 7 meses ella tendrá una estricta dieta a base de leche materna, libre de gluten y productos lácteos y, por supuesto, cero carne. Mi leche materna será la más saludable del Mundo Mundial. Un alimento certificado y libre de plaguicidas.

Bartolo: Eso es lo que usted ingiere todos los días y ¿ella también tiene que comer eso?

Ananá: Pues sí.

Bartolo: ¡Ah bien! Está bien.

Ananá: Disculpe, usted...

Bartolo: Yo sí como carne y compro vegetales y frutas llenos de plaguicidas. ¡Ah! y como gluten.

Ananá: ¿Quiere decir que esos mangos tienen plaguicidas?

Bartolo: No. Son del árbol de mi casa.

Ananá: ¿Tiene un árbol de mangos en su casa? Es usted una de las personas más afortunadas que conozco. Imagino lo agradecido que debe estar. No le pondrá ningún tipo de plaguicidas, ¿verdad?

Bartolo: No, no tengo tiempo para eso. Mis mangos están certificados.

Ananá: Ya veo. Se nota. Se ven deliciosos.

Bartolo: ¿Quiere uno?

Ananá: ¡Con todo mi corazón!

(Bartolo abre la hielera. Pero antes le ofrece alcohol en gel y le ofrece una servilleta.)

Bartolo: *(Ofreciendo el alcohol)* Tenga.

(Ananá duda y se niega.)

Bartolo: Es libre de gluten.

Ananá: *(Sonriendo.)* ¡Qué simpático! ¡Muchas gracias! ¡Gracias, gracias, gracias!

(Ananá toma un mango y se lo come con pasión. Bartolo la mira sorprendido. Ananá se siente observada y para de comer.)

Ananá: ¿Por qué me mira así?

Bartolo: ¡Oh, discúlpeme si la incomodé! Solo veo que... tiene mucha hambre, pero no la estaba mirando.

Ananá: Sí, sí me estaba mirando. De lo contrario, ¿cómo sabe que tengo hambre? Me hace sentir incómoda. Tengo 7 meses de tener hambre y yo solo quiero comer este mango... satisfacer mi antojo... y usted me mira como acusándome. Me siento presionada... avergonzada. *(Llora y se ensucia con el mango.)*

Bartolo: ¡Disculpe! Jamás fue mi intención hacerla sentir mal. Por favor, continúe... Pero no llore.

Ananá: Son las hormonas. No es fácil *(Comienza a comer nuevamente con pasión.)* Nunca pensé que las hormonas hicieran que me comportara de esta manera. Estoy irritada la mayor parte del tiempo. Por eso hago yoga con más intensidad, medito, trato de conectarme con mi maternidad sagrada y le agradezco al Universo *(comienza a llorar nuevamente)* lo afortunada que soy por haber podido tener esta energía que me acompañará un tiempo. *(Llora con más intensidad.)* Y luego partirá a encontrar lo que el Universo le tiene preparado. Y yo volveré a mi vida sin ella, pero con la satisfacción de haber sido la facilitadora del proceso de vida que tal vez haga de este mundo, un mundo mejor. *(Lo que trata de decir ya no es comprensible pues su llanto la desborda).*

Bartolo: *(Con angustia y asustado.)* ¡Señora, cálmese! ¡Por favor, cálmese! Mire, tengo agua, tome un poco. Solo le advierto que no es artesanal.

Ananá: *(Llora histéricamente.)* Ve, ve. Usted se burla de mí. Me hace sentir extremista. Soy una bicha rara para usted, ¿verdad? Usted no sabe las dudas que me genera mi dieta, mi vida, no sé si...no sé...

Bartolo: *(Intenta retirarse.)* Vea señora, quédese con la hielera. Si quiere llamamos a su esposo.

(Ananá llora.)

(Bartolo realmente está acongojado pues no sabe qué hacer.)

Ananá: No tengo esposo.

Bartolo: ¡Ah, lo comprendo! Bueno, usted no es la primera, ni la última. Por ejemplo... mire... mi mamá tampoco tuvo esposo.

Ananá: ¿Usted fue inseminado?

Bartolo: *(Sin comprender la pregunta, pero tratando de ser amable.)* Pues me imagino... Nunca le pregunté a mi mamá, pero me imagino que sí.

Ananá: *(Tranquilizándose abruptamente.)* ¿Así que su mamá se practicó una inseminación?

Bartolo: ¡Ah pues no!, ¡no sé! Sé que tuvo un novio, pero éste se fue... ¡Ay, señora! Mire... No quiero hablar sobre la vida sentimental de mi mamá.

Ananá: Disculpe.

Bartolo: ¿Está más tranquila?

Ananá: Sí.

Bartolo: ¡Bueno, vea!... Quédese con el agua y si quiere tome dos mangos más. ¡Buenas tardes!

Ananá: ¡Gracias y disculpe!

(Bartolo se detiene porque le queda la duda sobre la inseminación.)

Bartolo: Cuando habló de inseminación... ¿Usted se refería a la inseminación artificial?

Ananá: Sí.

Bartolo: ¿Usted lo hizo?

Ananá: Sí.

Bartolo: ¿Para qué?

Ananá: *(Sarcástica.)* Porque quería saber lo que se sentía. *(Se ríe de su chiste.)*

Bartolo: Evidentemente dije una estupidez.

Ananá: Sí.

Bartolo: Evidentemente usted está hormonal.

Ananá: Evidentemente estoy embarazada, no hormonal. *(Se empieza a enfadar.)* Estoy harta de que me digan hormonal. No soy un saco de hormonas. Las hormonas no dominan mi carácter ni la vida, ni la muerte, ni la regla, ni el sexo. *(Controlándose.)* ¡Disculpe! Creo que me desbordé. ¡Gracias por el mango! *(Comienza a llorar.)* Por escucharme en realidad. Me siento avergonzada, creo que me desborde. Últimamente no me puedo controlar, no puedo controlar nada. Crezco, me hago más grande cada día, tengo mucha hambre. Pero le agradezco por todo. Hasta luego. *(Solloza.)*

Bartolo: *(Harto.)* Hasta luego. *(Sale.)*

Escena de teatro 2

(Ananá tiene un dolor parecido a una contracción. Grita. Pide auxilio. Ananá suplica auxilio. Bartolo se devuelve y corre a ayudarla.)

Ananá: *(Soportando el dolor físico.)* No se preocupe. No es nada. Soy saludable...

absolutamente saludable. *(Canta un mantra.)*

Bartolo: ¡Oiga, cállese! La voy a llevar al hospital.

Ananá: ¡No, no! Me falta mucho. Yo no voy a tener a mi bebé todavía.

Bartolo: Señora, usted está en problemas. ¡Déjese ayudar, por favor! O al menos deme el teléfono de algún familiar... O de una amiga... O un novio.

Ananá: Novio dice, novio... ¡Usted cree que yo voy a tener novio! Estoy embarazada. Las embrazadas no tienen novio. *(Le vuelve un dolor muy fuerte.)*

Bartolo: Señora, deme el teléfono de su amiga.

Ananá: ¿Amiga?... Tampoco tengo "Amiga".

Bartolo: ¡Ay, basta! Déjese ayudar.

Ananá: Déjeme. Váyase. No me haga sentir mal.

Bartolo: Señora, ¡por favor!

Ananá: ¡Discúlpeme!... Está bien. Le acepto su ayuda. Solo que no quiero ir a ese hospital. *(La actriz señalando la dirección donde se encuentra el hospital.)* Casi matan a mi mamá.

Bartolo: Venga, tranquila, nada va a pasar. Respire. *(Mira al público.)* ¿Por qué me pasa esto a mí? ¿Por qué no me comí mis mangos en mi casa, frente a un ventilador?

Ananá: *(Al público.)* Creo que no debí comer ese mango.

(Bartolo la toma por el brazo. Trata de abrazarla, pero no sabe cómo. Le pide permiso para tocarla. Realizan una especie de danza tratando de levantarla. El dolor le impide movimiento a Ananá.)

Bartolo: No, no puedo. No entiendo cómo.... Pero usted antes estaba realizando posiciones extrañas y ahora no puede ni levantarse de la banca... ¡Ayúdeme, por favor! ¡Ponga de su parte!

Ananá: *(Deteniendo la acción.)* Es que creo que es un cólico y usted comprenderá que si me muevo... ¡Ay no!... ¡Por Dios, qué estoy diciendo!... ¡Váyase!... Creo que lo único que necesito es un poco de intimidad.

Bartolo: Señora vea... Ya sé que tiene 15 años de ser vegana, que compra alimentos certificados, que no come gluten, que su fruta favorita es el mango, que está embarazada, que será madre soltera y le preocupa que escuche el desahogo de su intestino. ¡Vamos! ¡No se preocupe! Vale más eso y no que vaya a tener a su hija aquí en un parque lleno de microbios, aire con smog y en mis brazos. ¡No me haga eso!

(Ella lo observa y se levanta como puede.)

Ananá: Primero muerta que desahogar mi intestino delante de un desconocido. Con permiso.

(Él se aleja. Se sienta con alguien del público y le habla sobre lo que le está pasando. Ananá se va.)

Escena de teatro 3

(Ananá regresa más amistosa y contenta. Está aliviada.)

Ananá: ¿Por qué no se ha ido? *(Saluda a la vecina con la que estaba hablando Bartolo.)*

Bartolo: Quiero asegurarme de que esté todo bien con usted.

Ananá: ¡Muchas gracias! Me siento mejor. No sabía que conocía a doña Rosario. Sabe, usted me parece conocido, no sé, su voz, su vibra.

Bartolo: No, no lo creo. Nunca la he visto y no tengo vibras.

Ananá: *(Recuperando la gracia del principio.)* Lo comprendo. Tal vez se me parece a alguien... O estuvimos juntos en el bus. Soy la dueña de ese estudio de yoga, ¿lo ve?

Bartolo: Yogui Center "Embarazos Felices" ... *(Al público.)* Debí suponerlo.

Ananá: ¿Qué dice?

Bartolo: Nada...Leía el rótulo de su local.

Ananá: Cuando quiera, puede asistir.

Bartolo: Dudo que me reciba.

Ananá: *(Riendo.)* Tiene razón. Bueno... Las mujeres embarazadas son mi prioridad. Sí. ¡Se imagina qué lindo sería el mundo, si todas las mujeres embarazadas fueran felices! Pero igual puedo enseñarle la práctica de yoga y le haría bien. Hay pocos hombres en el barrio que practican yoga.

Bartolo: *(Sarcástico.)* Les da miedo hacerse suaves y raros.

Ananá: *(Sonriente.)* Voy a ignorar lo que acaba de decir. ¿Usted vive por aquí?

Bartolo: Sí, a dos cuadras, pero no creo haberla visto. Salgo poco. ¿Está mejor?

Ananá: Sí, ¡gracias!

Bartolo: Le regalo la hielera y los mangos. Hasta luego. *(Se prepara para salir.)*

Ananá: ¡Gracias! ¡Se lo recibo con amor!

Bartolo: *(Deteniéndose de espaldas a ella.)* ¿Usted siempre es así?

Ananá: ¿Cómo?

Bartolo: ¡Así!... La conozco hace 10 minutos y ha dicho "GRACIAS" mil veces.

Ananá: *(Riéndose.)* Sí, estoy agradecida con todo. Y... ¡cómo no estarlo!... Lo conocí y me regaló esto. ¡Estaba tan antojada!

Bartolo: Bueno, pero... ¿no le parece que exagera?... ¡Gracias!, ¡gracias!, ¡gracias!... O sea, está embarazada y no tiene marido. No sé por qué agradece tanto.

Ananá: *(Ofendida.)* ¡Oiga no empiece! *(Toma la hielera.)* ¡Gracias por esto!, pero no quiero conversar más con un tipo tan conservador. ¡Y tiene razón!... No nos conocemos.

(Se va.)

Escena de teatro 4

(Bartolo se queda. Se pone gel en las manos. Acomoda su mochila como almohada. Le pone una servilleta de papel encima. Busca música en su teléfono. Lo limpia. Limpia los audífonos y se los coloca. Se pone lentes oscuros. Revisa que no hay nadie a su alrededor y al descubrirse solo decide disfrutar del parque. Vuelve a limpiar la banca y se acuesta. Se relaja.)

Bartolo: *(Al público.)* ¡Cuánta gente loca!... ¡Madre soltera!... ¡Complicarse la vida con una criatura! *(Se escalofría.)* ¡Qué miedo! *(Se acuesta y canta lo que escucha.)*

Escena del pasado, sucede en algún lugar del escenario.

(Atmósfera de mar.)

Ananá feto: *(Alegre e inquieta.)* ¡Hola!

(Bartolo feto no reacciona, duerme.)

Ananá feto: ¡Hola! ¡Oiga!... ¡Despiértese!...

Bartolo feto: *(Busca la voz que le llama.)*

Ananá feto: *(Brinca para ser vista.)* ¡Hey, aquí!... ¡Estoy aquí!

Bartolo feto: *(Bosteza.)* Hola...

Ananá feto: ¿Cómo está?

Bartolo feto: Tengo sueño y acidez.

Ananá feto: ¿Acidez?... ¿Qué es eso?

Bartolo feto: Algo raro... Cada vez que como eso que me gusta tanto... me da acidez... Pero no lo puedo evitar... ¡Me gusta!... ¡Me gusta mucho!... Y también me da hipo y me siento mal.

Ananá feto: ¿Ella está enferma?

Bartolo feto: ¿Quién?

Ananá feto: ¿Tu cargadora?

Bartolo feto: Sí y creo... que... ¡Ay no! ¡Ay no otra vez!...

(Se ve la figura de una mujer que vomita... Se desmaya...)

Ananá feto: ¿Está bien?

Bartolo feto: No.

Ananá feto: Tal vez mi cargadora ayude a la tuya.

Bartolo feto: Espero. ¿La puede ver?

Ananá feto: Sí.

Bartolo feto: ¿Se está desmayando?

Ananá feto: Sí.

Bartolo feto: ¡Oh no!... Desmayo #540.

Ananá feto: ¿Por qué se desmaya tanto?

Bartolo feto: Creo que le incomodo mucho.

Ananá feto: ¡Ay no diga eso!...

Bartolo feto: Siempre que llego a donde una cargadora nueva, se desmaya. Me pasa en cada vida. Creo que soy un producto no deseado. Lo sé porque, antes de esta cargadora, me tocó otra que cuando se percató que me estaba cargando dijo que yo era una torta y ¡zaz! Comenzó a vomitar y vomitar. Igual que esta y que la anterior a la otra.

Ananá feto: ¡Pobrecito!

Bartolo feto: ¡Hey! Le puede decir a su cargadora que nos ayude.

Ananá feto: Sí, un momento. *(Patea y logra despertar del sueño profundo que tiene a su cargadora.)*

Cargadora 1: ¿Está bien?

Cargadora 2: No, no estoy bien. Quiero vomitar y vomitar... y no tengo fuerzas.

Cargadora 1: ¿Quiere que llame a su esposo?

Cargadora 2: No, no tengo esposo.

Cargadora 1: Bueno, podemos ir al hospital. Estamos cerca. Voy a llamar a una ambulancia.

Cargadora 2: Harán muchas preguntas y no quiero responder más.

Cargadora 1: Tengo algo que le puede ayudar.

Cargadora 2: Nada me puede ayudar. Tengo 4 meses de embarazo. Y ya nada me puede ayudar.

Cargadora 1: ¡Ay por Dios! ¿De qué está hablando?

(Sonido del tren.)

Cargadora 1: Vamos, venga. Ya viene el tren. Le ayudo.

Cargadora 2: Yo no estoy esperando el tren.

Cargadora 1: ¡Ay, Dios!... Necesito irme en ese tren, pero no la puedo dejar aquí. Ya va a llover y usted está tan mal.

Cargadora 2: Morirme es lo que quiero. *(Llora.)*

Cargadora 1: Tome. *(Le deja su sombrilla, agua y una capa.)*

Cargadora 2: ¡Gracias! ¡Que Dios se lo pague!

Cargadora 1: Me voy a quedar con usted, no puedo dejarla así. Vámonos juntas. La llevo a mi casa.

Cargadora 2: ¡Váyase!... Usted no sabe quién soy. ¡Váyase, por favor!

Cargadora 1: ¡Oh por Dios!

Ananá feto: Nos tenemos que ir. Hoy me van a escuchar el corazón.

Bartolo feto: ¡Hasta luego!

Ananá: ¡Hasta luego!

Escena de teatro 5

(Regresa Ananá. Se para al lado de la banca. Lo observa. Coloca la hielera y se sienta sobre ella. Disfruta el frío en sus sentaderas. Bartolo no se percata.)

Ananá: Yo lo sé, nosotros nos conocemos. Es que me da esa sensación. Estamos vibrando parecido, o al menos me parece.

(Bartolo canta desafinado en idioma extranjero. No es inglés.)

Ananá: No, no. ¡Imposible! Es de otro planeta. *(Lo investiga cual detective analizando una escena de crimen. Lo huele. Observa sus movimientos y rodea la banca buscando el mejor ángulo en un último intento por verlo más de cerca. Bartolo se percata de una presencia. Se asusta y grita. Ambos gritan.)*

Bartolo: *(Gritando.)* ¡Loca! ¿Qué le pasa?... Oiga, de verdad que usted... ¡Dios! ¡Qué clase de gente anda suelta!

Ananá: ¡Discúlpeme!, pero las cartas me dijeron ayer que me iba a reencontrar con una buena persona que conocí en el pasado. Usted me parece un buen tipo. Solo trato de reconocer su cara, pero no, ¡imposible!... Definitivamente usted no es. Pero no le molesto más, siga. ¡Ah! No estoy loca. Solo confío en lo que me dicen mis cartas. Lo dejaré solo. Ya entendí que es lo que le gusta y el Universo le cumplirá su deseo. Soledad. Solo. Aislado. Silencio. Usted y su gel libre de gluten.

Escena de teatro 6

(Bartolo, desconfiado, intenta nuevamente relajarse y disfrutar. Acostado comienza a imaginar su vejez.)

Bartolo: Solo. 80 años. *(Al público con tono de presentador de noticias.)* Anciano de 110 años es encontrado muerto en su patio junto a un árbol de mangos y una botellita de gel para manos. Los vecinos dijeron que no lo conocían mucho. El olor a muerte despertó la alarma en el vecindario. El cuerpo yacía entre hojas e insectos con un grado importante de putrefacción. El cuerpo tenía las manos sucias.

(Bartolo grita desesperado y asqueado. Ananá se devuelve al escuchar el grito.

Escena de teatro 7

Ananá: ¿Se encuentra bien?

Bartolo: No. ¡Bueno, sí!... ¡Ay, no se preocupe!

Ananá: ¿El mango? *(Le señala el estómago.)* ¿Quiere estar solo?

Bartolo: Señora, le agradecería que me deje solo. *(Recuerda lo que acaba de imaginar.)* ¿Por qué usted me pregunta que si yo quiero estar solo? ¿Qué la hace creer que yo no tengo una esposa o una hija... novia... novio? ¿Por qué usted cree que yo ni siquiera tengo un perro? Yo fui hijo único y... ¡Ay, no! ¡Ahora soy yo el hormonal!

Ananá: *(Riéndose.)* ¡Sabe!... a usted se le nota que no tiene ni novia ni novio... y menos esposa o perro. Véase cómo anda vestido. Está despeinado y no huele a colonia, huele a mango. Y este es un parque "Pet Friendly" y no veo a su perro por ningún lado.

(Ananá mira a alguien del público.)

Ananá: *(A Bartolo.)* ¿A usted le ha pasado que sale de su casa, ve a una persona, luego se encuentra en otro lugar y ve a la misma persona?

Bartolo: No.

Ananá: Un día salí de mi casa. Vi pasar a una muchacha vestida de forma peculiar. Cuando regresé a mi casa, ella también volvía. ¿Raro verdad?

Bartolo: Sí.

Ananá: Una noche iba para un recital y vi a dos chicas caminando por la otra acera y se veían felices. Cuando volví del recital ellas estaban saliendo del supermercado. ¡Qué raro!, ¿verdad?

Bartolo: Pues coincidencia será.

Ananá: Otro día me tope al mismo hombre tres veces en tres lugares distintos en el centro.

Bartolo: A usted le pasan cosas muy raras… y ve gente rara… y habla con gente extraña.

Ananá: ¡Cómo hoy! *(Señalando con la mirada a Bartolo.)* Y sé que usted estará pensando: "¡Qué mujer tan rara! Además, será mamá soltera y se hizo una inseminación artificial para poder tener una bebé". Y sabe cómo pienso a veces… "no sé si voy a poder".

(Sonido del tren. Efecto de luz. Los dos lo ven pasar. Ella sentada en la banca. Él de pie viéndola a ella. Foto.)

Voz en off de mujer: ¡Tengo miedo! No sé si lo voy a hacer bien. Haré todo para hacerlo bien. ¿Y si un día me hace falta ayuda?

Voz en off de hombre: Solo… envejecer solo. Tal vez un perro. Al perro hay que cuidarlo. Entonces no. Un pez. Al pez también hay que cuidarlo. Un cactus. Pero los cactus no hablan.

Escena caricatura 1

(En algún lugar del escenario. Padre y Madre de Ananá. Esta escena puede ocurrir en cualquier espacio. Se puede usar voz en off. Se puede usar animación. Se pueden usar títeres o marionetas. No se recomienda realizarla con actores. Hay mucha luz. El personaje femenino tiene un elemento en su vestuario. Un elemento que también esté en el vestuario de Ananá.)

Ella: ¡Ya!, ¡por fin se durmió! Tiene tanta energía que no sé qué será de ella cuando crezca.

Él: ¡Ya era hora!

Ella: ¡Buenas noches!

Él: ¿Buenas noches? ¿Y a mí, quién me va a dormir?

Ella: ¡Estoy cansada! Por favor, no insistas.

Él: ¿Hasta cuando vas a estar así?

Ella: Hoy fui al doctor. Aún no se sabe.

Él: Eso es psicológico.

Ella: No, no es psicológico. ¡Casi me matan! ¿Te acordás?... ¡Casi matan a la bebé! ¿Te acordás? No es psicológico. Podrías acompañarme al médico y verificar que no es psicológico.

Él: *(Escéptico y déspota.)* ¡Sí cómo no! Después no te quejés.

Ella: ¿Quejarme yo? ¡De qué me voy a quejar si no siento nada!

Él: Lo único cierto es que te hicieron una costura mal y te está afectando la cabeza. Lo malo lo tenés, pero en la cabeza. ¡Después no te andés quejando!

(Ella llora. Se escucha el llanto de bebe. Ella se incorpora y sale.)

Él: Tratá de dormirla. Tengo que levantarme temprano y no estoy para desvelos.

(Apagón.)

Escena de teatro 8

(Ananá está sentada en la banca, tal cual la escena anterior. Bartolo está de pie junto a ella. Continúan en la foto de la escena 6. Se escucha una marcha militar que se acerca. La ven. Guardan silencio, tratando de descifrar lo que escuchan. Se escuchan fonemas. Conforme se acerca la marcha se clarifican las palabras de algunas frases. El sonido ambiente de la marcha se apodera de la escena. Las palabras están sueltas. Las palabras que se escuchan son las precisas para identificar de que se trata.)

- *"Viva la vida, viva la familia"*

- *"Vida sagrada, vida bendecida"*

- *"Familia tradicional, familia de Dios"*

- *"Familia consentida por Dios: Hombre-mujer-hijos"*

Alguien de la marcha: *(Les grita.)* ¡Felicidades!

(Aplausos.)

Bartolo*: (responde seco.)* Gracias.

(Ananá guarda silencio.)

Bartolo: ¿Sabe cuántos "productos no deseados" lideran ese movimiento?

Ananá: Hay muchas "madres solas a la fuerza".

Bartolo: Creo que su Dios no nos consiente mucho a usted y a mí.

Ananá: Espero que sean felices y, si no, al menos hoy tuvieron una dosis muy pequeña de felicidad.

(El sonido de la marcha se esfuma.)

Escena de teatro 9

(Ananá se sienta en su matt de yoga y trata de meditar. Bartolo escucha música. Ya no canta.)

Bartolo: Y usted, ¿por qué hizo inseminación? ¿O fue por in vitro?

Ananá: Fue todo superficial y científicamente comprobado.

Bartolo: Y ¿por qué?

Ananá: ¿Por qué no lo hice natural?

Bartolo: ¡Natural!... no sé si es natural, pero sí un hombre... una mujer. Óvulo... espermatozoide...

Ananá: Padre... Madre.

Bartolo: ¡Bueno, como sea! Una cosa es padre... madre... y otra es un óvulo y un espermatozoide.

(Comienza a llover. Bartolo saca un paraguas rojo. Ananá saca un paraguas azul. Buscan la banca. Se sientan y complementan los paraguas. Sonido de lluvia. Conforme hablan se ponen ropa para protegerse de la lluvia: botas, capas, pantalones impermeables. Ananá ayuda a Bartolo a vestirse y sostiene el paraguas. Bartolo ayuda a vestirse a Ananá y sostiene el paraguas.)

Ananá: No tenía pareja... Si me esperaba a encontrar pareja... ¡imagínese!... ¡Con lo dura que está la calle!... ¡Y si después encontraba una pareja y esa pareja no deseaba procrearse o yo no deseaba procrearme con esa persona!... ¡Y si después esperaba y esperaba y no llegaba nadie!... ¡Y si el indicado llegara cuando yo tenga cincuenta años!... Mis óvulos van a estar viejitos y no tendré la energía suficiente para criar.

Bartolo: ¿Sabe qué es lo que no entiendo? Que hay tanta gente que puede llamarse: "Qué Torta Hernández", "Embarrada Víquez", "Producto no deseado Arias"... Tantas mujeres reclamando la paternidad responsable... Gente que juzga: "¡qué mala madre!"... Y usted se embaraza sola.

Ananá: Y tanta gente que se mete en lo que no le importa. Cuando tenía veinte años y cuando cumplí mis 30... ¡es más!... durante toda mi vida, la familia, las amigas y hasta el abogado que me divorcio siempre me insistieron que ya era hora de ser madre... Como si la maternidad tuviera hora de inicio y como si fuera la pomada canaria para la felicidad de una mujer. Sabe que me decían... "Usted está con un buen hombre, dele un hijo" ... como si fuese un perfume... "Un hijo siempre salva el matrimonio".

Bartolo: Oiga, entonces ¿usted estuvo casada?

Ananá: Sí.

Bartolo: *(Confundido.)* Pero ahora está divorciada... sola... Y es justo ahora que se le ocurrió tener una hija.

Ananá: Soy divorciada, no sola. Y para quedar embarazada de "un marido" se necesita tener sexo con él. Mi exmarido... Él era bueno con todas las personas... y hasta con los animales... ¡Si era o es un rescatista!... Pero yo no podía quedar embarazada de él. No fui lo suficientemente mascota. Yo no le gustaba. *(Reconstruyéndose.)* Pero era un hombre bueno.

Bartolo: Entiendo.

Ananá: Mi madre me crió para que mi papá se sintiera realizado. Sufrió el embarazo y el parto fue una pesadilla. Mi papá quería tener muchos hijos. ¡Tuvieron muchas pérdidas! Mi abuelo tuvo que hablar y convencerlo de no seguir intentándolo y que diera el permiso para esterilizar a mi mamá... para que no volviera a quedar embarazada. Ya usted se puede imaginar... ¡La gente de antes!

(Para de llover. Se quitan la ropa de lluvia. Ananá recoge sus elementos de yoga y Bartolo recoge la hielera y sus cosas.)

Bartolo: ¿Usted se ha puesto a pensar qué le va a decir a su hija cuando le pregunté por su papá?

Ananá: No. Pero me imagino.

Bartolo: ¿Y qué le va a decir?

Ananá: ¿Usted le preguntó a su mamá por su papá?

Bartolo: Sí.

Ananá: ¿Y qué le dijo?

Bartolo: No quiero hablar de eso. Pero su hija tiene derecho a tener un papá.

Ananá: Y sobre todo tiene derecho a tener una mamá feliz... Realizada porque tiene un estudio de yoga para que las mujeres tengan embarazos felices.

Bartolo: ¿Pero?

Ananá: Nadie me garantiza que, si lo hubiese hecho "normal" como usted dice, mi hija tendría un papá. ¿Usted sería un padre responsable? Si lo hubiese buscado y le hubiese dicho: "¡Mire! Quiero tener una hija. ¿Usted podría ser tan amable de ser el padre? Yo no le voy a pedir nada más. Solo que ejerza el derecho de mi hija a tener un padre responsable". ¿Usted lo hubiera hecho?

Bartolo: Evidentemente no.

Ananá: Yo quiero ser madre y usted cree que no debo... ¿solo porque no tengo pareja?... ¿Y qué hago?... ¿Lo pongo en mi muro de Facebook?... "Se busca un hombre responsable para embarazar. ¡Importante! NO se solicitará pensión. ¡Lo más importante! Que no use drogas ni alcohol y que no tenga enfermedades mentales y menos venéreas. Preferiblemente vegano y libre de gluten".

Escena caricatura 2

(Esta escena puede ocurrir en cualquier espacio del escenario. Sucede en un bar. Se puede usar voz en off. Se puede usar animación. Se puede usar muñecos, títeres o marionetas. Se sugiere no realizar con actores. Madre de Bartolo con un hombre joven. La títere de Mamá de Bartolo aparece embarazada y en su vestuario tiene un elemento del vestuario de Bartolo. El vestuario que utiliza del títere debe representar la edad de su joven amante .)

Mamá de Bartolo: *(Llorando.)*

Joven amante: *(Canta.)*

No, no, no no, ¡qué va! A mí no me meta en eso.

De los Lakers siempre son las gorras.

De chingar ninguna se enzorra.

Estoy metido en un lío.

Ya estoy confundido,

porque ninguna de mi mente se borra.

Porque estoy enamorado de cuatro babies,

que siempre me dan lo que quiero

y ninguna me pone pero.

No me chingues la vida,

que ya estoy metido en un lío.

A todas yo quiero darle

menos a usted.

Usted es muy mayor

y eso no es mío.

(Apagón.)

Escena de teatro 10

(Sube la temperatura. El clima se torna áspero. Comienzan a atacar los zancudos.)

Bartolo: No le puedo escribir poemas de amor a mi papá. La pasamos muy mal.

Ananá: *(Espantando zancudos.)* ¡Qué pesadilla!

Bartolo: Las circunstancias de mi procreación no fueron precisamente una bendición... Yo no llegué con un bollo de pan. *(Se ríe.)* ¡Sabe!... Creo que su hija no vendrá con un bollo de pan... vendrá con un paquete de tortillas.

(Se ríen.)

Bartolo: Pero sí llegué con mucha hambre. Toda una bendición... ¿no le parece?

Ananá: ¡Oh... ¡Cuánto lamento!... Yo podría darle otro significado a su historia. Diría que su mamá se liberó de su marido después de 22 años de casada y que tardó un año para poder salir adelante y tener otra experiencia. Su segunda primera vez... ¡Imagínese! ¡22 años de casada! Y por falta de experiencia quedó embarazada. Se liberó de dos hijos que no la respetaban mucho. Se liberó de un trabajo que no era para ella. Y, finalmente, decidió vivir una vida con usted.

Bartolo: ¿Usted además de hacer yoga es *coach*? Practica la neurolingüística ¿o qué?... Oiga, ¿sabe qué?... no se llama liberación. La historia es muy clara. Mi mamá me lamentó mucho. Casi por toda su vida... Murió de cáncer.

Ananá: ¡Lo siento tanto! *(La pica un zancudo en la cara y ella lo mata. Al hacerlo se golpea.)*

Bartolo: ¡Oiga, no es para tanto! ¡No se autoflagele!

(Ananá reacciona confundida y queda atontada.)

Bartolo: Tome... repelente.

Ananá: *(Duda.)* ¡Oh! ¡Muchas gracias!, pero... es que...

Bartolo: No es químico. Es de coco. Sin transgénicos.

Ananá: ¡Gracias, muchas gracias! Sí que lo he hecho reír ¿verdad?

(Bartolo se ríe y le hace el gesto de agradecimiento con sus manos en el pecho.)

Bartolo: Sí.

Ananá: ¡Qué bien! ¿Cómo se siente?

Bartolo: ¿Cuál es su fecha de nacimiento?

Ananá: Primero de agosto de 1979.

Bartolo: Yo también, 15 de agosto de 1979.

Ananá: Salimos del hospital el 16 de agosto.

Bartolo: Yo también.

Ananá: ¡Qué casualidad!

Bartolo: ¿Y por qué estuvieron tantos días en el hospital?

Ananá: Me dislocaron un hombro y a mi mamá le hicieron un piquete extragrande que luego cosieron mal y se infeccionó. Mi mamá volvió a sentir su vagina cuando cumplí 8 años. Nadie se hizo responsable. Se quedó sola, sin su sexo. *(Viendo al hospital.)* ¡Ahí yo no entro!

Bartolo: La comprendo. *(Tratando de sacarla del mal recuerdo.)* ¿Sabe cuál fue la canción número 1 en todas las listas de popularidad en 1979... En Estados Unidos "Good Times" de Chic... así se llamaba el grupo. *(La busca y la pone en su reproductor.)*

Ananá: *(Alegre.)* Sí, la he escuchado. ¡Es una canción muy sexy! *(La gozan cantando los coros y la medio bailan.)*

Escena Caricatura 3

Corte, Juzgado de Familia

Madre de Bartolo, Exmarido

(Esta escena puede ocurrir en cualquier espacio. Se puede usar voz en off. Se puede usar animación. Se puede usar muñecos, títeres o marionetas. Sugerencia: No realizar con actores. Poca luz.)

Madre de Bartolo: ¡Hola!

Ex: *(Apenas la saluda.)*: Licenciado, ¿dónde firmo?

Madre de Bartolo: *(Al ex.)* Me despidieron.

Ex: ¿Dónde firmo?

Madre de Bartolo: ¡No era mi intención! ¡Te esperé durante un año! ¡No firmes! ¡Por favor! ¡No te cases con ella!

Ex: ¡Licenciado!

Madre de Bartolo: ¡Podés escucharme!... ¡Estoy muy arrepentida!... No fue mi intención... ¡Perdóname!... Fue una noche... me sentía muy sola. Tenías un año de haberte ido de la casa. Ese día me enteré de que habías embarazo a tu novia.

Ex: *(La mira con desprecio.)* Firmo. *(De forma arbitraria le dice.)* Firma.

Madre de Bartolo: Me despidieron del colegio.

Ex: *(Se burla y entre carcajadas firma.)*

Madre de Bartolo: Dijeron que soy un mal ejemplo. Una mujer de cuarenta años abandonada.

(Queda el títere de la madre de Bartolo sola. Cenital en su cabeza.)

Voz de director de colegio en off: *(Acento discurso religioso.)* Su presencia en el colegio es un vituperio para los estudiantes. Usted debió pensar en su hijo y su cuadro de honor. Estudiante ejemplar de este colegio. Y ahora tiene esta madre. ¿Qué clase de madre es usted? Se olvidó de la palabra. ¿Qué hay en su corazón? ¿Qué clase de orientación le puede brindar una cabeza tan desorientada y tan falta de Dios a nuestros estudiantes?

(En off: sonido de puertas cerrándose de forma violenta y cantos religiosos.)

Madre de Bartolo: *(Al ex. Voz cantada y de fondo se escucha la versión instrumental de "Ne me quitte pas" y de la forma más dramática e inorgánica, tal cual novela comercial de TV.)* ¡No me dejes así! ¡Es necesario olvidar! ¡Todo se puede olvidar! ¿Quién se escapa ya? Olvidar el tiempo de los malentendidos... Y el tiempo perdido. Olvidar estas horas que mataban a veces el corazón de la felicidad. ¡No me dejes! ¡No me dejes! ¡No me dejes! Yo te ofreceré perlas de lluvia. Yo cavaré la tierra hasta después de mi muerte para cubrir tu cuerpo... para cubrir tu cuerpo de oro y de luz ... pero... ¡No me dejes! ¡No me dejes! ¡No me dejes! ¡No me dejes! *(Aplausos y apagón.)*

(Luz cenital encima de muñeco.)

Ex: ¿Dónde firmo?

(Apagón.)

Escena de teatro 11

(Se escucha el tren.)

Bartolo: Vine a un parque *pet friendly*, sin *pet*, tratando de olvidar el calor, comer mis mangos y relajarme... No pude. Me topé con una mujer embarazada, vegana, haciendo yoga... cuyo trabajo o misión en la vida es que las embarazadas sean felices. Se antojó de mis mangos y le conté mi vida. Por un momento pensé en dar una vuelta en el tren... Subirme, llegar a una estación y luego volver... Pero si hubiera sido un pasajero más de ese tren y no las hubiera conocido...

(Se miran. La bebé patea. Se ríen.)

Ananá: ¡Gracias!

Bartolo: ¡Gracias a usted!... Me siento liviano.

Ananá: ¿Cómo si hubiera hecho yoga?

Bartolo: No sé... nunca he hecho yoga.

Bartolo: Es muy sabia. *(Señalando la panza.)* Ella no tendrá que lidiar con ninguna ausencia.

Ananá: No lo sé, pero usted tampoco tiene que cargar con las suyas.

Bartolo: Su bebé será mejor persona que yo y que muchas otras personas.

Ananá: Será una mejor versión de mí. Trabajaré en eso todos los días de mi vida.

(Se ven. Tal vez se abracen, tal vez no. Tal vez solo se queden con la intención.)

Bartolo: ¡Hasta luego!

Ananá: ¡Hasta luego!

(Se van.)

Fin

ESTRATEGAS

———

De Noelia Cruz

(Obra creada para cuatro mujeres.)

(Muchas veces son entidades escénicas con sus propios nombres.)

CUADRO 1

(Mujer 1 entra caminando desde el público. Lleva puesta en su espalda una mochila. Se vuelve y descubre al público.)

Mujer 1: Siempre cargo esta mochila que contiene todo lo que me enseñaron: un mapa que me dice dónde puedo caminar y dónde no. Una brújula que me dice cuál es el norte a casa, porque Mi norte es un riesgo. Un reloj que me señala la hora de irme. Y... mi ábaco... con el que aprendí de números y estrategia, y con el que entendí que el resultado de la operación es la suma de todas las piezas.

(La Mujer 1 contempla el ábaco que le evoca muchos recuerdos, lo que la lleva a jugar con él hasta que el juego la lleva a tocar las cuerdas del ábaco como si fueran las cuerdas de una guitarra, y se sorprende de que el objeto emana el sonido de la guitarra. Ese sonido se desarrolla hasta convertirse en una pieza instrumental de rap. Las cuerdas del ábaco se rompen y las bolitas se riegan en todo el espacio. En su sorpresa, Mujer 1 comienza a cantar una canción de rap.)

Mujer 1:

Los instrumentos me forjaron

me enseñaron el miedo

aprendí, me castigaron

me empujaron al ruedo.

Se tornaron armas de defensa.

Sí, aprendí a gritar con las letras,

a calcular, a medir, a esperar

para poder atacar.

(Entra Mujer 2, cantando.)

Mujer 2:

Tus lecciones no son algo nuevo,

Ahora voy a decírtelo sin miedo.

Uso rebelde del instrumental

ahora lo uso para hacerlo estallar ¡Boom!

(Entra Mujer 3.)

Mujer 1:

Es algo naturalizado,

ni siquiera existe espacio

para ser cuestionado.

Mujer 3:

Despacio, ¿que no siga?

¿Qué es lo que no quieren que les diga?

Por decirlo alto no es que sea tu enemiga

¿por qué me enseñan a mí todas estas estrategias?

lo que debés aprender es que mis tetas se respetan.

Mujer 1:

Mi poder dentro grita.

Mujer 3:

Que te lo hago evidente.

Mujer 1:

Toda la fortaleza que viene de mi vientre.

Mujer 3:

Y eso no te gusta, que te lo diga de frente.

Mujer 1:

No soy víctima de nada

si nos pasa a Todas en bandada.

Mujer 3:

Que te lo hago evidente.

Y eso no te gusta, que te lo diga de frente.

(En coro las tres mujeres, improvisando.)

Mi poder dentro grita

toda la fortaleza que viene de mi vientre.

(Salen todas cantando, excepto Mujer 1 que se queda cantando sola ensimismada.)

CUADRO 2

(Entran dos mujeres con pañuelos celestes en la cabeza (Tía 1 y Tía 2). Se burlan de la mujer que canta y comienzan a darle consejos absurdos, tan absurdos que se ríen de lo gracioso que les parece cada parlamento que dicen en un crescendo hasta llegar al paroxismo.)

Tía 1: Caminá como si supieras a dónde vas.

Tía 2: Levantá la mirada mientras caminás y mantené una postura erguida.

Tía 1: Fingir que caminás junto a dos panteras enormes a cada lado podría sonar tonto. *(Ríen.)*

Tía 2: Pero te ayuda a aumentar tu confianza.

Ambas: Los agresores tienden a ir tras aquellas que creen que no pueden defenderse.

Tía 2: Si te ves demasiado débil o como si no estuvieras segura de a dónde vas, es más probable que atraigás la atención de un agresor.

Tía 1: Incluso si en verdad estás perdida, no lo demostrés.

Tía 2: Entrá a tu casa con confianza.

Tía 1: No perdás el tiempo quedándote en el auto o buscando tus llaves en tu bolso.

Tía 2: Llevá las llaves en la mano o en una parte de fácil acceso de tu bolso. Tené cuidado cuando entrés a tu casa o a tu auto porque alguien podría empujarte fácilmente y cerrar la puerta detrás de vos.

Tía 1: Sé consciente de tu entorno y mirá alrededor antes de abrir la puerta. *(Estallan de risa hasta el clímax y suena una música de circo que se convierte en base de rap, ambas cantan.)*

Tía 1:

Nos enseñaron al ser menores

a cómo sobrevivir en la calle.

Tía 2:

"A entender que hay errores

y que es posible que algo falle".

Tía 1:

Que tenemos que estar alertas.

Al dormir cerrar bien la puerta.

Tía 2:

Bien sentadas, con la pepa bien tapada,

con las piernas bien cerradas.

Ambas:

Que es culpa nuestra si algo pasa.

Que fue mi culpa por no estar en casa.

Que yo estaba para todo el mundo; puesta,

aunque yo expresé no estar dispuesta.

Mujer 1:

Aunque sin preguntar ya di una respuesta,

que "no" le digo a la apuesta,

que digo que no entiendo por qué es que cuesta

entender que es decisión nuestra.

Todas en coro:

Quiero caminar como me dé la gana,

salir a correr, dejar abierta la ventana,

dejar de estar pensando en cómo me ven,

que estoy loca, me da igual si eso creen.

Mujer 1:

Es absurdo el miedo cotidiano

que para sobrevivir estrategias creamos,

nos enseñan a nosotras a cuidarnos

en vez de enseñar a los hombres a no violarnos.

(Tía 2 se convierte en Mujer 4.):

Además, nunca nadie sabe nada.

¿Qué le pasó a fulana? Nada, no le pasó nada.

Porque siempre se esconde, en todos los espacios,

todos los rangos, los negocios, los estratos.

(Tía 1 se convierte en Mujer 5.):

Me quitaron el sueño, lo pido de vuelta,

sin negociación no hay ningún trato.

Mi tranquilidad la pido de vuelta.

Es mía, se las arrebato.

Mujer 4:

Y por eso aprendí a sacar garra.

Tengo incorporadas mis defensas.

Tengo afiladas a mis maestras.

Tengo entrenada a mi manada.

(Todas en coro en un corto loop.):

Quiero caminar como me dé la gana,

salir a correr, dejar abierta la ventana,

dejar de estar pensando en cómo me ven,

que estoy loca, me da igual si eso creen.

(Al final de este rap, salen todas menos Mujer 1, que se cerciora de que su mochila esté con ella. Revisa el entorno. Cuando percibe que no hay nadie y es seguro caminar, sale.)

CUADRO 3

(Entra Mujer 1 en el cuerpo de otra actriz por el lugar donde salió anteriormente, reproduciendo la salida, pero en reversa.)

Mujer 1: También cargo mis despojos, lo que fui, mis miedos... ropa. Donde sea que ande cargo mucha ropa. Ropa muy grande... Una falda podría significar la diferencia entre la vida y la muerte, por eso cargo...

(Con un audio de música estridente la Mujer 1 va nombrando la ropa que anda en la mochila y se la pone. Entran dos Mujeres con un perchero con más ropa. Le colocan las prendas a la Mujer 1 hasta que le es casi imposible hablar y respirar.)

Mujer 1: También cargo mis instrumentos de defensa. Para unas es el gas pimienta; por ejemplo, pero para mí son ¡mis llaves!

(Mujer 1 quedó hecha una bola de ropa. Al terminar de vestirla las otras Mujeres salen con el perchero y Mujer 1 queda sola en el escenario sentada en un cubo.)

CUADRO 4

(Mujer 1 hace un stand up comedy.)

Las llaves... las llaves me las dio mi papá el día en que me hice "mujer". ¡Bueno!... El día en que me vino la menstruación. Ese día, mi papá me iba a regalar unas colitas de Rainbow Bright, pero cuando llegó a la casa y mi mamá le contó que yo ya era una "señorita", le dio tanta vergüenza que se arrepintió de dármelas y se inventó que el veterinario le vendió ese juguete para los perros de la casa, o sea dos rottweilers jugando con Rainbow Bright...

Ahí me di cuenta del temor que le causa la menstruación a algunos hombres. Es como que ese día dejé de ser su chiquita. Es como que la menstruación es una... ¡monstruificación! Algo así como: niña...¡menstruación!...¡mujer!

Pero lo que más recuerdo de ese día es que mi papá me dio las llaves de la casa. Ya era lo suficientemente responsable... aunque hacía tres días se las había pedido y me dijo que no tenía la madurez suficiente... y ahí fue donde comenzó todo. (*Se pone un antifaz.*)

Ese día me dijo: "Si un tipo le quiere hacer algo, usted agarra estas llaves así... (*Hace un gesto.*) Y se las mete en la picha". Con el tiempo entendí que se trataba de que me defendiera y que la zona de la "picha" es una zona vulnerable y que lo aprovechara.

¡Pasé esperando el momento de hacerlo!, pero siempre que llegaba la oportunidad, la dejaba pasar, y me acordaba de reaccionar cuando ya le estaba dando la vuelta a la cuadra o cuando me estaba bañando al día siguiente. Siempre pienso todo lo que le pude haber dicho a ese infeliz... ¡Hasta hubiera estrenado mi manopla! (*Juego corporal.*) Pero lo que realmente pasó fue... (*Interpreta que va en un bus y le tocan el trasero, a lo cual reacciona con mucha vergüenza, con una risa un poco fingida, realmente confundida.*) ¡Hasta casi le digo gracias!

¿Ustedes se imaginan? ¿Haber deseado toda la vida cumplir ese sueño y que cada vez que se te presenta la oportunidad la cagás? Y sí, la verdad es que yo era bastante miedosa. Andaba con tanta paranoia, que si se me acercaban a preguntarme si ya pasó el bus... "¡Ey! ¡Muchacha!" —¿Qué es la vara, malparido? ¡Vaya dígale eso al imbécil de su tata! —"Se le cayó ese billete." —¡Ay!... ¡gracias!... Le pegaba cuatro gritos y sacaba manopla y todo.

Pero cuando ya la cosa escalaba a otro nivel, o sea, cuando me metían mano y/o más, me quedaba como la ardilla dramática, la del meme, (*volviéndose e imitando a la ardilla con su efecto de sonido.*) ¡No hacía nada! ¡No decía nada! Pero tenía la esperanza de que tal vez alguna vez reaccionaría a tiempo y para ese día ¡practiqué mucho! (*Se dispone a hacer una exposición del caso.*)

Las enseñanzas de mi papá: "Usted apenas sale de la casa se mete las llaves a la bolsa y prepara la manopla multicolor... Vea mi chiquita, como yo a usted la quiero tanto y para que no se le confundan, le puse estos distintivos de colores que son del color de Rembombray". —¿Rembombray? ¿La fábula es de los ochenta? ¡Ay, papi!, ¡yo ni siquiera había nacido! Además... se dice ¡Rainbow Bright!... again: "Rainbow Bright", you know?

La cosa es que la manopla me empezó a acompañar cada vez que tenía que caminar sola por la calle, y después de que a dos de mis mejores amigas les metieran la mano en el calzón en un bus, empecé a andarla cada vez más a la mano.

Ni cuenta me dí... solo fue pasando. Ya hasta me decían Rembombray. Ya la gente creía que era mi apellido y todo. Me decían: "¿qué, Rembo? ¿Ey y de dónde es su apellido?". Y cuando quería sonar interesante, o sea, ligar, respondía que de Mongolia, o algún país desconocido para mí.

Es más, en la foto del anuario salí con la manopla, con birrete y todo, y en un paseo a la playa, ese día me quedé dormida y cuando me desperté me quedó la marca aquí. *(Con orgullo se golpea el pecho.)* Hasta para la camiseta del equipo de baloncesto del cole, que le pusieron DR, Daniela Rembombray.

(Entrando en el dramatismo de superheroína.) Pero el día en que me convertí en superheroína...fue cuando, al dormir con mi querida manopla... *(Haciendo un paréntesis.)* Yo a veces babeo un poco cuando duermo... ¡A veces, verdad!... O sea, sobre todo cuando estoy muy cansada... La cosa es que estaba durmiendo sobre rembo y cuando me desperté aspiré. Vi que rembo estaba toda llena de babas. Obvio la limpié inmediatamente... *(Vuelve al dramatismo.)* Pero no pasaron ni tres segundos, cuando la esencia del hierro y el carbono del acero de las llaves se metió en mi torrente sanguíneo y desde ese día me convertí en... ¡Manopla Rembombray! *(Suena música heroica.)*

(Hace pausar la música con un gesto poderoso con sus manos.) De por sí ya me había hecho fama. Wolverine fue mi mayor inspiración, sentía que nos parecíamos... No me crié con lobos, pero me crié con dos rottweilers... ¡Bueno!... Son zagüates, pero es que yo soy la versión centroamericana...

Un día, por mi casa, un tipo iba a asaltarme y, mientras me quitaba la mochila, también me tocó las tetas, así como en combo completo. ¡O sea! ¡Quería todos los abusos el infeliz!... Me dio tanta chicha que por primera vez logré superar el estado catatónico nivel ardilla-momia en el que me quedaba y fui a darle el golpe a ese tipo. ¡Un golpe que nunca iba a olvidar! (*Simula que da un golpe.*) ¡Y me quedé pegada en un árbol! ¡Otra vez la cagué! Entonces ese día, además de que me robaron todo y me metieron mano hasta donde no más, me quedé por fuera hasta la pura noche porque las llaves no sirvieron ni para abrir el portón...

No es fácil la vida de una superheroína y una se puede desanimar, por su puesto. Pero pese a mis decepciones, yo no he perdido la fe. Sigo fuerte... Así fue como me encontré con otras heroínas con superpoderes.

(*Cambiando de actitud.*) Y con sus desarrolladas técnicas de defensa provenientes del kung fu y otras artes marciales, Natitán. (*Entra Natitán caminando y haciendo una variación de kung fu.*)

Natitán: El día que todo empezó tuve un llamado... inequívoco. Después de mis indagaciones en artes marciales, descubrí que mis armas podía llevarlas siempre conmigo misma y que no siempre es necesaria la violencia. ¡Ah!... pero un día un tipo me estaba siguiendo. Me siguió durante cinco cuadras. Yo cruzaba la calle, el tipo cruzaba la calle. Yo caminaba en zig zag, el tipo caminaba en zig zag... Sentí otra vez esa fusión entre ira y frustración... Fue ahí donde creé mi más reconocida técnica de defensa. Me metí la mano en el calzón. (*Pausa.*) Agarré la toalla y ¡¡jiah!! (*Hace una variación de kung fu.*) Y cuando ya estaba a punto de restregarle la toalla en la cara al tipo. (*Imitando burlescamente al hombre.*) —"¿Qué le pasa vieja loca?" ... El tipo salió corriendo y llorando. Y desde ese día, nos turnamos una vez al mes para salir con nuestros calzones llenos de sangre a espantar a todos los tipos que nos anden jodiendo... Entendí que mis poderes siempre habían estado aquí conmigo misma y, desde entonces, juntas conformamos la ¡ele! ¡e! ¡ese! ¡eme! ¡aaaahh!: Liga de Estrategas de Sangre Menstrual Amenazante.

(*Entra Árbitra ágilmente.*)

Árbitra: Estas son las súper heroínas que hoy nos demostrarán sus poderes de autodefensa. ¡Vamos a darles la bienvenida a este ring que está que arde!

En esta esquina, con su ki elevado kamehameha, ¡Natitán!... Y en la otra esquina, con su manopla multicolor, ¡Rembombray!...

Natitán nos enseñará una técnica vocal milenaria heredada de sus tatarabuelas. Utilizada ancestralmente para ahuyentar a los agresores.

Natitán: NO... Decir NO... ¡Es lo primero por aprender para defendernos! Decir No con la mirada, No con la energía y, nivel avanzado, NO con la voz. *(Demuestra un par de ejemplos con Rembombray.).* ¡Y ahora todxs lo vamos a practicar!... Al contar 3 vamos a decir No. 1, 2, 3... ¡NO!... ¡Más fuerte! ¡Otra vez!... 1, 2, 3... ¡NO!

Natitán: ¡Y ahora!... Con su manejo corporal heredado de los zagüates del patio... ¡ehh, digo!... lobos de los bosques, Rembo nos demostrará uno de sus secretos básicos para defenderse. *(Rembombray le da mochila a Árbitra.)*

Rembombray: La posición de defensa. *(Rembombray va acomodando a Natitán según las indicaciones.)* Un pie delante del otro, paralelos. Las rodillas flexionadas. Demostrando con el cuerpo que no tenemos miedo. Mostrar las manos en señal de que estamos listas y la mirada diciendo "no me voy a dejar atacar". *(Ambas lo hacen diciendo con energía contenida "NO. NO ME VOY A DEJAR ATACAR".)* ... Muchas veces decir 'NO', no es suficiente. Así que se necesitan otras estrategias; por ejemplo... *(Natitán va tras Rembombray para tomarle de la muñeca.)* Si las toman de la muñeca, vamos a sentir el lado donde está el dedo pulgar. Un dedo es más débil que cuatro dedos. Con decisión y toda la fuerza nos tomamos ambas manos y jalamos en esa dirección. *(Rembombray se libera de Natitán, quien hace un gesto de sorpresa.)* ... Esta estrategia debe ser precisa. Se debe evitar hacer varios intentos porque podrían agarrarlas cada vez más fuerte.

Árbitra: ¡Naaaaati Taaannn! *(Natitán entra en estado de alerta.)*

(Natitán se desplaza mostrando orgullosa y fuerte las palmas de la mano. Rembombray la mira y empieza a descubrirse las manos.)

Natitán: Esta es la parte más fuerte de la mano. Si tenemos que golpear, lo mejor es hacerlo con esta parte. *(Rembombray empieza a dar puñetazos al aire con los nudillos y Natitán la exhorta.)* ¡Los nudillos no!, porque nos podemos lastimar y no podríamos golpear más... Queremos seguir golpeando si es necesario. *(Acomoda a Rembombray en la posición básica que ella le enseñó y se coloca igual.)*

Árbitra: *(Interrumpiendo.)* ¡Con fuerza y a dañar!... Si tu vida está en peligro, ¡dáñalo!, para que tengás tiempo de huir y que no te siga.

(Las superheroínas asientan y comienzan a demostrar cómo pueden ser los golpes que pueden dar.)

Rembombray: Y ahora vamos a girar desde las caderas para golpear... ¡A la cara! *(Lanza el golpe a Natitán.)* ¡A la nariz! *(Lanza golpe más fuerte y segura que el anterior.)* ¡A los ojos! ¡Cerca de los oídos! *(Cada vez sube más su excitación.)* ¡¡A la garganta!!... Y cuando el agresor se lleve sus manos a la cara por el golpe, se despejará el resto del cuerpo. Así que ¡podemos golpearlo con la rodilla!

Natitán: ¡Podemos golpear con todas las partes de nuestro cuerpo! *(Juegan a los golpes y Natitán agarra por el cuello a Rembombray.)*

Rembombray: En caso de que las quieran estrangular, tienen que clavar la barbilla en el músculo del brazo... *(Realiza la acción.)* Para hacer espacio y poder respirar.

Natitán: También puede anclarse del brazo y ¡patear!

Rembombray: *(Empieza a nombrar las partes que Natitán patea según las va nombrando.)* El empeine, la espinilla, las rodillas... y también ¡pueden usar las manos!

Natitán: ¡Sí! Para agarrar, presionar y jalar con fuerza los genitales.

Árbitra: Y cualquier cosa al alcance es potencial arma. *(Árbitra le da la mochila a Rembombray y ella le pega a Natitán con la mochila. Árbitra trata de bajar la tensión y separarlas.)* ¡Aplausos para las superheroínas de ele-e-ese-eme-a!

(Se despiden y salen. Queda Rembombray en una esquina al frente acomodándose el antifaz. Imperceptiblemente se transforma en Mujer 1.)

CUADRO 5

(Mujer 1 aparece en un ambiente nuevo, un ambiente de fiesta. Con un audio de música clásica se realiza una partitura de acciones físicas. Mujer 1 trata de reconocer a alguien para ver donde sentarse. Hombre 1 y Hombre 2 (con una

máscara del color de su piel pero que oculta todo rasgo del rostro) entran a escena y se sientan. Están tomando cada uno en un vaso. Cuando ven a Mujer 1, que está buscando dónde sentarse, abren un espacio entre los dos para Mujer 1. Ella accede a sentarse. Hombre 1 prepara un vaso al que le agrega alguna sustancia sin que Mujer 1 lo vea. Poco a poco van rompiendo el hielo y empiezan a tener los tres una conversación. Hombre 1 y Hombre 2 comienzan a acercarse demasiado, irrespetan su espacio cada vez más al punto de tocarla. La situación se desarrolla al punto en que le empiezan a quitar la ropa a pesar de que Mujer 1 se resista con fuerza, ya que ha llegado a un punto de casi perder el conocimiento.

Como tenía muchas capas de ropa, esta acción se convierte en una partitura de movimiento hasta que Mujer 1 queda desnuda tirada en el piso y, en su último aliento para intentar escapar, los Hombres toman una prenda y le tapan la boca, todos ejerciendo mucha fuerza. Mujer 1 grita hasta que cae inconsciente sobre Hombre 1 y este se asusta de ver al cuerpo inerte. Ambos se dan cuenta de lo que han hecho. Comienzan a limpiar la escena del delito recogiendo la ropa que quedó tirada por todo el escenario y huyen.

En silencio, varios segundos. Mujer 1 recupera la consciencia y se descubre desnuda y perdida. Ella toma una única prenda que quedó en el escenario, ya que los Hombres eliminaron todos los rastros. Trata de taparse y sale del escenario.)

CUADRO 6

(Mujer 4, Mujer 5 y Mujer 6 se sientan alrededor de una mesa en la que colocan un juego de Jenga (construido por sorbetos). Juegan naturalmente, pero concentradas y en silencio mientras suena una voz en off.)

Voz en off: Para jugar con cualquier estructura es importante la habilidad y la estrategia. La física de las estructuras las hace lo suficientemente resistentes para el juego, pero también lo suficientemente vulnerables.

Siempre tiene que haber al menos dos jugadores. Se toma una pieza, con cuidado, de cualquier nivel de la torre, excepto de la parte superior. Se busca la pieza que esté más suelta o que sea la más fácil de retirar o la que perturbe menos la estabilidad de la torre. Se puede empujar o jalar la pieza, según el ángulo y el lugar en el que se encuentre en la pila. Quien jaló la pieza debe colocarla en la parte superior de la torre para continuar con el patrón preestablecido y que la torre permanezca consistente.

(Las mujeres se van dando cuenta que la torre es de sorbetos y poco a poco se comen unas boronas.)

La torre crecerá más y más hasta que se balancee, se desestabilice y se caiga. Hay que tratar de planificar los movimientos para desestabilizar la estructura y que se le vuelque a alguien más.

(Mujer 5 no resiste la tentación y se lleva una de las piezas a la boca y se la come. Mujer 6 intenta evitar que se la coma hasta que se convierte en un forcejeo.)

Las cosas funcionan por fuerza de gravedad. Las piezas de arriba presionan a las de abajo, pero las de abajo se pueden mover cuando exista la posibilidad...

(Ante el forcejeo Mujer 4 da un puñetazo a la torre y la desmorona.)

Mujer 6: ¡Otra vez vos de necia!

(Mujer 4 reclama, enojada, en forma de spoken word.)

Mujer 4:

Palabras irreverentes

se vienen a mi mente

y si grito se resienten

y también dicen que soy yo la que miente.

Si me quejo se enojan,

díganme ustedes, escojan

o nos lleva mierda a todos

o escuchan de todos modos

¿Sigo?

(Mujer 4 canta un rap.)

Carlos le enseñó a su hijo

que lo que decía su hermana era mierda,

pero mierda fue lo que aprendió Pedrito,

a que las Mujeres no se respetan.

Les enseñaron a no callarse a sus hijos

y nosotras a defendernos hemos aprendido.

Ya muchas Mujeres nos abrieron el camino.

Nos toca a nosotras continuar lo emprendido.

No confundan esto con histeria.

¡Claro que me pongo seria!

porque me ha dolido tanto

Por eso te lo tiro en este canto.

Ellos dicen que exagero

que no es para tanto,

que lo tome más ligero

¿Pero no ven que nos están violando?

¿Pero no ven que nos están matando?

Me cago en tu mojigatería,

en tu "calladita más bonita".

Por eso sufren las amigas mías

y por eso otras lo vomitan.

Me da la gana decirlo.

Porque puedo, lo necesito.

Tenés que escuchar que estamos hartas,

nosotras mandamos en este juego de cartas.

(Sale Mujer 4, saca uno de los sorbetos que tenía en su bolsillo y se lo come.)

CUADRO 7

(Suena música de año nuevo a volumen alto "Yo no olvido el año viejo". Es el último día del año y unas hermanas esperan a su mamá para comer en un picnic.)

Dani: *(Entra a acomodar el escenario.)* ¡Fabi, ayúdame!...

Fabi: Bajale el volumen a la música que ya casi vienen. Me va a dejar sorda antes de que acabe el año.

(Fabi entra con una sábana, una escoba y una palita. Fabi barre los sorbetos que quedaron en el suelo y Dani sale y baja el volumen. Entra Nati/Mich cargando una bolsa con sombreros de cumpleaños y helados.)

Nati/Mich: ¡Hola!

(Fabi y Nati/Mich se saludan.)

Nati/Mich: ¿Te ayudo?

Fabi: Sí, ¡ayudame a poner esto! *(Fabi le da una sábana de picnic a Nati/Mich y ella la extiende en el piso, detiene a Fabi antes de que se vaya.)*

Nati/Mich: *(A Fabi.)* ¡Ay! Guardame esto en la refri por fa.

Fabi: ¡Ay qué rico! ¡Como en la infancia!

(Fabi sale a dejar la escoba, la pala y el bote de helados que le dio Nati/Mich. Dani entra con una cazuela con comida y saluda a Nati/Mich.)

Nati/Mich: ¿Y dónde está Ire?

Dani: ¿No venía con vos?

Fabi: *(Entra con más cazuelas con comida.)* Se venía con mami, lean el chat.

Nati/Mich: ¡Ay es que lo puse en silencio!...

(Entra Ire con la mochila.)

Ire: ¡Ay qué necias con ese chat!

Dani: ¡¡Ire!! *(La saluda efusivamente.)*

Fabi: *(A Ire.)* ¡Casi no viene!

Dani: ¿Y mami?

Ire: Se quedó saludando a doña Carmen que le dijo que se tomara el último café del año con ella.

Nati/Mich: Pero yo ya tengo hambre.

Ire: Dice que comamos, que ella viene a comer el postre.

Fabi: Pero yo cociné un arrocito arreglado y traje esta ensalada... ¡Lechuga orgánica y todo!

Nati/Mich: ¡Ay, Fabi! ¡Calmate! Nosotras comemos de tu comida. Hace tiempo que no nos vemos, aprovechemos para ponernos al día.

Dani: Además mami tiene 60 años... ¡Que haga lo que quiera!... ¡Que ande chinga!, ¡que tenga novio!...

Nati/Mich: Yo quiero probar ese arrocito...

(Comen y se deleitan. Cuchicheos. Servida de vino hasta que sube a escándalo de chismes, chistes y risas.)

Nati/Mich: ¿Vieron que Marisol se casó?

(Todas reaccionan interesadas. Hay un ambiente muy relajado y mucha improvisación en los textos de relleno para generar sonido y que se sienta el

contraste con los momentos de silencio total.)

Fabi: ¡Cuente, cuente!

Ire: ¡A ver, cuente el chisme!

Nati/Mich: *(Cuando va contando, todas reaccionan con muchas risas y respuestas espontáneas in crescendo.)* Se casó con el mejor amigo del colegio y con vestido blanco la mentirosa. Fue una borrachera. Dicen que Lucía hizo un ridículo. Se cayó, se embarrialó y todo. Lucía la gorda... ¿se acuerdan?... Imagínense, con semejante cuerpo. Llegó a pedir que le pusieran una canción de cumbia y se puso a bailar, pero eso no es todo... ¡se cayó! *(Comienza el clímax de las reacciones de risa, respuestas y explosión de las demás.)* ¡Y no andaba calzones y se cayó toda esparrancada y todo el mundo le vio todo! *(Ocasiona un desborde de risas y gritos entre todas que se mantiene por un tiempo.)*

Lo peor fue el regalo que le llevó tío Martín... Una calculadora... Para que termine la universidad le dijo, el grosero. *(Todas reaccionan a la grosería.)*

Está como el ábaco que le había dado tío Oscar a Ire para que sacara la escuela. Y la pobre de Ire toda pequeña. Ni sabía qué era, ¿te acordás, Ire? *(Ire se queda callada.)* ¿Ire? *(Todas siguen reaccionando con resabios de la algarabía, pero van bajando naturalmente.)*

Ire: ¿Y tío Óscar no va a venir?

Fabi: ¿Ustedes no ven el chat en serio? Tío siguió mal. Con lo mismo de siempre. Está internado desde hace 2 días. Mami está toda triste.

Nati/Mich: ¡Ay! ¿Otra vez?... ¡Ay, pobrecito tío! ¡Siempre tan cariñoso! Nos ayudó con tantas cosas. O sea, si no fuera por tío, yo no estudio en la universidad.

Fabi: Sí, de hecho todas en algún momento comimos varias veces gracias a él. Desde que papi se murió, tío se volvió como otro papá para mí.

Ire: ... ¿A ustedes tío nunca las abrazó raro?...

(Fabi y Dani reaccionan con risas y recuerdos de cariño.)

Dani: Es que llegaba con unas ganas a abrazarnos y apapacharnos. Era todo empalagoso antes.

Ire: ¡Ajá! ¿Y eso nunca les pareció raro?

Nati/Mich: ¡Ay, chicas vean lo que traje! *(Saca sombreros de fiesta y los reparte.)* Mirá este es para vos. *(Le pone sombrero a Ire.)* Y este para vos...

Fabi: ¡Ay, que mal gusto!... Nati/Mich, yo no me quiero poner eso...

Nati/Mich: Yo les dije que veníamos para una fiesta verdad...

Fabi: ¡Ay, me vas a despeinar!... ¡Que yo no me lo quiero poner!... ¿Le trajiste uno a mami?

Nati/Mich: ¡Sí claro! ¡A todas!

Ire: ¿Y nunca las tocó?

Dani: ¿Cómo?

(Pausa, silencio breve.)

Nati/Mich: ¡Uy! ¡No puse los helados en el congelador!

Fabi: ¡Yo los puse!

Ire: Tío...tío... tío abusaba de mí cuando yo era pequeña.

(Silencio.)

Fabi: *(Reacciona con un enojo contenido.)* No te vas a cagar en la fiesta de fin de año.

Nati/Mich: ¿Me pasás la ensalada?

(Dani le pasa la ensalada a Nati/Mich, pasando los brazos en medio de todas. Nati/Mich se sirve la ensalada y come nerviosa. Todas comen en un silencio largo, solo se escuchan los cubiertos al contacto con los platos. Nati/Mich y Dani quieren hablar y se lo retienen. Cuando logran hacerlo hablan al mismo tiempo y se callan. Esto se repite. A la tercera vez Nati/Mich habla.)

Nati/Mich: ¡Bueno!... Yo quiero hacer un brindis. Levanten las copas... Ire, levantá tu copa. ¡Yo quiero agradecerle a Dios por estar celebrando un año más juntas!... Después de que papi se murió, mami ha estado muy sola y nos ha costado mucho reunirnos como familia. ¡Qué lindo que ella pueda ver a la familia unida! ¡Que sepa que puede contar con nosotras, a pesar de todas las dificultades!...

Fabi: Sí, yo me uno a este brindis. Hay que estar agradecidas de que tenemos viva a mami. No sabemos por cuánto tiempo más... Que gracias a Dios todo el mundo nos conoce porque somos una familia siempre unida, ayudándose entre sí. Mantener eso es responsabilidad de todas. Dani, pasame el vino.

(Dani se queda paralizada y Nati/Mich las ve. Miradas entre todas. Dani ve a Ire.)

Dani: ¿Y mami sabe?

Ire: No, pero lo voy a denunciar.

Fabi: ¿En serio yo soy la única a la que le interesa mi mamá? ¿Es en serio?... ¡Es fin de año! Además, tío está muy mal de salud en el hospital. Parece que se les olvida todo lo que hizo por nosotras cuando papi se murió. Todas las veces que nos ha ayudado. Todo lo que usted misma le debe. Y en mami nadie piensa, solo en usted... Daniela que me pase el vino.

Dani: ¡No!... Yo sí le creo.

Fabi: ¿Le va a decir usted a mami? ¿A ver si le da otro infarto?

Dani: ¿Y cuándo es un buen momento entonces para hablar de estas cosas? Nunca estamos juntas. ¡Mirá cuánto tiempo ha pasado porque nunca es momento!

(Fabi toma el vino ella misma con fuerza y se llena la copa. Permanece el silencio.)

Dani: Ire, ¿cuándo vas a poner la denuncia?

Nati/Mich: Seguro fue que te lo soñaste. Cuando una es niña cree cosas que no son, se imagina cosas y tiene amigos imaginarios. A veces se piensa que es un recuerdo y en realidad se lo soñó.

Ire: ¿Estás loca? ¡¿Cómo yo me voy a imaginar que tío me abusaba?!

(Silencio.)

Nati/Mich: Irene, ya han pasado muchos años. ¿Para qué se esperó hasta ahora? Lo que va a hacer es el ridículo... ¿Ya para qué? *(Vuelve a ver que viene la madre.)*

(Silencio rotundo y tenso.)

Fabi: ¡Espero que esté contenta, que ahí viene mami! *(Sale a recibirla.)*

(Después de que Dani le tira con enojo el sombrero a Nati/Mich y ella recoge los sombreros y los guarda, sale. Quedan Dani e Ire sentadas viéndose a los ojos. Dani e Ire sacan la mochila, el mantel y los platos. La escena queda a oscuras con la música de fiesta en alto.)

CUADRO 8

(Se escucha voz en off de Árbitra.)

Árbitra: ¿Quieren batalla?

(Entra Árbitra con un micrófono inalámbrico de mano.)

Árbitra: ¿Quiénes quieren batalla?... Ba-ta-lla, ba-ta-lla. *(Se escucha un beat de rap. Hace que el público repita.)* En la batalla de hoy tendremos a dos máximas Nati/Mich y a Fabi.

(Entra Fabi, seguido entra Nati/Mich. Cada una con un micrófono inalámbrico de mano. Incentivan que se le hagan porras de bienvenida a cada una. Árbitra tiene la libertad de improvisar en rol de MC para animar al público.)

Árbitra: Esta batalla constará de cuatro *rounds*. Para el primer *round* es minuto libre. La temática es "¿qué hacer en caso de una violación?" ... Comienza Nati/Mich. Cuentan con 1 minuto de tiempo. El público nos ayuda a contar: 3, 2, 1 ¡Batalla!

(Comienza a sonar un beat de rap y Nati/Mich canta.)

Nati/Mich:

Por qué el tema de inicio es cuando el acto ya está hecho.

Antes de que el verbo sea pasado, yo propongo sacar pecho.

Ante sus ataques defendernos es nuestro derecho.

Justicia en nuestras manos, si es que del dicho al hecho hay tanto trecho.

Mi postura es antisistema, es una justicia alternativa

en defensa propia frente a frente, no esperar a que el Estado lo decida.

Si es mi vida o la del violador, yo decido ser yo la que quede viva.

La ley no me escucharía una vez muerta, aquí estoy combativa.

Si recurrimos a la justicia y no hay consecuencia inmediata,

entonces sería yo la que lo contraataca, la exposición

de cualquier acto de violencia ante la gente

escarcheo melódico como un acto simbólico y de frente...

y de frente, no importa lo que me diga la gente...

Árbitra: ¡¡Tiempo!!... ¡¡Respuesta!! ¡3, 2, 1!

Fabi:

Es un problema de salud pública, no individual.

Llámenme prosistema, somos una sociedad.

Leyes de convivencia para la diversidad.

Para eso está el derecho en el Pacto Social.

Violadores que sean juzgados en un tribunal.

Yo no quiero andar con miedo por culpa de un criminal.

No puedo ser abolicionista en este tema visceral.

Violadores a la cárcel deberían ir a parar.

Yo no quiero andar tomando la justicia por mis manos,

ni tampoco excederme a los Derechos Humanos.

Lo que quiero es luchar por que el sistema sea efectivo.

Que la norma sea justa y no que quede en los archivos.

Me preguntan qué hacer en caso de violación.

Me recomiendan dormir con arma bajo el colchón,

pero si me pasara a mí, quiero leyes y contención

y poder dormir en paz sabiendo que está encerrado.

Árbitra: ¡¡¡Tiempo!!! *(Improvisa comentarios sobre lo que acaba de presentarse para involucrar al público.)* Vamos a repetir el formato. Hay mucho qué decir de este tema, entonces vamos a continuar con el mismo tema. Minuto libre cada una. ¡Vamos, DJ! ¡Tíremela!... Y contamos, ¡3, 2, 1!

Nati/Mich:

Los derechos tienen que ver con clase socioeconómica, básico,

más dinero, educación, rango social mayor acceso a la justicia.

Se invisibiliza la violencia sexual y de género, clásico,

y en un estrado ganará el que pague la suma propicia.

La institución y el pueblo no son iguales.

Hay ausencia de equidad en cuestiones legales.

Educar es deformar en un sistema patriarcal,

donde la guerra es normal y violar no está mal.

Gracias a la incompetencia de la legalidad

solo se puede denunciar cuando ya es tarde,

nunca antes, se ataca y victimiza denunciantes.

Se encubre y absuelve a victimarios sexuales.

Árbitra: ¡¡Tiempo!!... ¡¡Y ahora Fabi!!!

Fabi:

Entonces a luchar por las reformas al sistema.

La justicia no depende de una subjetividad.

Agresión y castigo la ley debe valorar.

Los derechos humanos son un cuerpo legal.

Recibimos y reproducimos opresión y violencia.

¿No ves que no queremos repetir toda esa demencia?

No podemos depender sólo de formas insurrectas,

no todas tienen acceso a saber qué es acción directa.

Tomemos el sistema formal como trinchera

y exijamos al Estado una justicia certera,

garantizar derechos que apliquen a cualquiera

sin linchar a terceros por la sed justiciera.

Árbitra: ¡¡Tiempo!! *(Improvisa comentarios sobre lo que acaba de presentarse para involucrar al público.)* ¡Vamos con el próximo *round*! El formato es un 4x4... 4 barras Nati/Mich, 4 barras Fabi... La temática es "¿Cómo evitamos las violaciones?" ... También empieza Nati/Mich. ¡Póngamela DJ!...

Nati/Mich:

Si vamos a evitar hablamos de acción preventiva.

El largo de mi falda no es un tema en discusión,

ni mi escote ni mis fotos son ninguna insinuación.

Solo aclaro por si acaso, este tema se cerró.

Fabi:

La base de todas las opresiones del sistema

es comprendida por la brutal competencia entre hombres

deshumanizados, como jueces morales del Estado

deberían ser los primeros en rebelarse contra el patriarcado.

Nati/Mich:

Mi propuesta es que aunque estemos hartas y enfadadas,

dejar de ser población vulnerabilizada.

Practicar autodefensa, aunque estemos ya cansadas.

Decir no y crear estrategias con las aliadas.

Fabi:

Las estrategias no son más que un paliativo,

yo no quiero andar siempre en un modo defensivo,

andar por las calles con vocabulario ofensivo

y sin querer asociar agresión sexual al nivel educativo.

Nati/Mich:

No creo en posiciones tan clasistas y arbitrarias.

Vemos cómo personas con acceso a todo

fuerzan, manipulan, encuentran algún modo

Premio Nobel de la Paz, dos puntos Oscar Arias.

Fabi:

Nos delegás la defensa, pero qué hacer con los hombres

si no empiezan a cuestionarse lo aprendido, y que lo nombren

si no abren trincheras hacia otra realidad

y se rebelan contra el mandato de masculinidad.

Nati/Mich:

Lo queramos o no, existe un protagonismo

en todas las áreas y temas, siempre lo mismo,

¿por qué cuando hablamos de feminismo

hacerle oda también a los hombres y al machismo?

Fabi:

No se trata de quitarle el foco a nuestras dolencias,

todo el mundo experimenta distinto la violencia,

pero sin soldados que ejecuten complicidad instrumental

es más fácil de tirar patriarcado y capital.

(Árbitra reacciona muy emocionada e involucra al público.)

Árbitra: El próximo *round* es el cierre de esta batalla... El formato es 4x1... 4
barras finales cada una. Y la temática... "¿Qué hacemos con los violadores?" ... Y
ahora comienza... Fabi.

Fabi:

Hablo por mí y por todas a las que nos abusaron

sin que hubiera consecuencias para quienes nos atacaron.

El modelo punitivo algún día habrá que tirarlo,

pero por mientras tanto mejor que sirva para algo.

Nati/Mich:

El sistema carcelario de castigo es patriarcal.

La cultura de la violación se intensifica al entrar.

¿Cambiarlo? ¿qué tal mejor explotarlo?

Reinserción colectivizada, la justicia horizontalizar.

(Árbitra con mucha emoción cierra la batalla e involucra al público.)

Árbitra: ¡Bueno! Esta vez ustedes van a votar quién es la ganadora. ¡Una bulla para Fabi!... Y ahora... ¡Una bulla para Nati/Mich! *(Incentiva por medio de improvisación a que el público reaccione.)* ¡Bueno!... Yo estuve reflexionando y la verdad es que nosotras no estamos para eso de competir entre nosotras, así que esto es un ¡¡empate!!

(Clima de celebración. Abrazos de despedida entre las tres. Salen las concursantes, queda Árbitra en escena. Se quita su atuendo reflexionando para sí lo que ha pasado y sale del personaje y se convierte en Ire.)

CUADRO 9

(Ire se dispone a arreglarse. Se acomoda el pelo frente al espejo. Van entrando por diferentes entradas en diferentes momentos, Dani y Nati/Mich.)

Dani *(A Ire)*: ¿A dónde vas?

Ire: Voy a salir.

Nati/Mich: Pero...

(Comienzan a hacer una partitura de movimiento, con movimientos de apoyarse y dejar caer el peso sobre la otra. En un momento de la coreografía se sientan y comienza una voz en off de varias mujeres hablando en lugares distintos, como un collage sonoro.)

Voz en off: Por fa, avísame cuando llegués. Me mandás un mensajito para saber que llegaste bien. ¿Aló Nati/Mich? es Fabi. Me esperás afuera. Ya llegó Dani, no avisó que se iba a atrasar. Sí, sí avisó. Le avisó a Ire. Sí me avisó a mí, se me olvidó decirles. ¿Y cómo se va para su casa Fabi? Me vienen a recoger ¿Y vos? Yo me voy en bus. Te acompaño. ¿Y cómo te devolvés? Yo me vengo en un taxi. Está bien. Yo las voy a dejar. Pero entonces yo pido un Uber. No, ¡a ver! Hagamos un itinerario mejor...

(En medio del audio, entra Fabi con la mochila. Continuando la partitura de movimiento. Con la música. Todas cantan.)

Dani: Ningún lugar es seguro.

Todas: Te demostramos que aquí estamos.

Dani: Derribando esos muros.

Todas: Para estar bien en algún lado.

Dani: Esta jauría crecerá.

Todas: Estrategias colectivas.

Dani: Nuevas forma de andar.

Todas: Soñando alternativas.

Fabi: No al mandato de aguantar y de ser fuertes.

Todas: Creando con consciencia nuevas redes.

Nati/Mich:

Este cuerpo es mío, es mi traje,

mi pelaje, nada entra en mí

sin mi permiso ni mi voluntad como pasaje.

Todas:

Ya no más cargar en la mochila

la herencia vieja del miedo en la pupila.

Todo el mundo quiere una vida tranquila.

Responsabilidad compartida.

Ire:

¡Nosotras sí te creemos!

Hagamos cuadrilla, no, no nos soltemos.

Red para salvarnos, juntas apoyarnos.

Nosotras sí, sí, sí te creemos.

Todas:

Acuerpamiento frontal radical,

dividirnos no suma, solo resta lealtad.

Acuerpamiento frontal radical,

dividirnos no suma, es letal.

(Hacen un loop y se va la música. Quedan cantando a capella en una armonía con percusión corporal e incentivando al público a que dé palmadas marcando el ritmo. Se reúnen en un semicírculo en el proscenio y sacan el ábaco de la mochila. Al finalizar el loop, Dani y Nati/Mich exponen el ábaco de cara al público e Ire, con un movimiento grande y fuerte, lo rompe y deja caer las cuentas al piso. Todas salen por los cuatro extremos del escenario.)

(Apagón.)

FIN

Maldita Golondrina

Por Malory Rojas Grillo

Personajes

Un hombre (H)

Una mujer (M) Señorita Salazar

Momento 1. Un balcón con viento

(Una mujer se cambia frente al balcón. Abajo Un hombre observa delicadamente la escena esperando el momento oportuno para tomar una fotografía. Una mujer se asoma despacio para no ser vista por Un hombre y saca su pierna de entre las cortinas que dividen el balcón de la habitación.)

H: Disculpe ¿señorita?

(Una mujer guarda su pierna y saca un brazo.)

H: ¿Esta ahí?

(Empieza a sonar música suave que proviene de la habitación de fondo.)

H: No quiero interrumpirle.

(La música baja su volumen y vemos un cuerpo detrás de las cortinas.)

H: ¿Señorita?

(Una mujer se asoma con una bata blanca.)

M: ¡Listo! ¡Tome la fotografía y váyase rápido!

H: Sería tan amable de ponerse de lado derecho... Así reconocen su lunar.

M: *(Entre dientes.)* Aparte inútil. *(Se voltea y posa.)* ¿Así?

H: Podría bajarse la bata un poco... Podría verse muy posada.

M: ¡Hombre, a ver! ¿Va a tomar la foto o no?

H: Sí, disculpe. Podría colocarse nuevamente.

M: Ahí va... *(Agachada dando la espalda se quita la peluca.)*

H: Señorita, así no funciona.

(Una mujer sonríe pícara y se coloca la peluca al revés.)

M: Ustedes se vuelven cada vez más obsoletos. ¿No es así?

H: ¿Disculpe?

M: Tomé la maldita fotografía y lárguese que quiero volver a ser yo.

(Un hombre toma la fotografía y desaparece. Una mujer se queda observando por donde se va. Se quita la peluca y la bata. Queda en una camiseta color gris. Se sienta en el borde del balcón y canta.)

Momento 2. Una ventana con espejo

(Una mujer maquillándose, se detiene para abrir la ventana y secar su pelo con el viento. Abajo Un hombre con una cámara fotográfica trata de enfocarla para tomarle una fotografía. Cada vez que ella lo mira, quita la mirada y vuelve a la acción de la cámara.)

M: *(Riendo.)* Vamos a ver.

(Una mujer se asoma a la ventana mostrando su rostro con sensualidad.)

M: No creo que valga mucho. Ya me maquillé y, como puede ver, no estoy peinada... Estoy a medias.

H: ¿Disculpe?

M: La fotografía... ¿no quiere usted tomarla?

H: No, señorita. No quiero interrumpir su rutina.

M: ¡Vale! Usted viene y se queda observando mi rutina casi que a diario y ¿no quiere interrumpirla? Pequeña gaviota embustera. Aquí solo queda carroña.

H: ¡De verdad que no señorita! ¡Que tenga buena tarde!

M: Estoy lista... Vamos... Tome la fotografía.

(Una mujer posa. Cuando baja la mirada nota que Un hombre se ha ido caminando por la dirección contraria. Ella se amarra el cabello y llora.)

Momento 3. Una hendija

(Un hombre camina de un lado a otro tratando de observar por una hendija. Tiene una cámara puesta en el cuello.)

H: ¿Señorita Salazar?

(Un hombre cree divisar algo por la hendija. Se detiene y saca la cámara. Se escuchan ruidos de gemidos fuertes y gritos. Un hombre avergonzado sale caminando por el lado contrario.)

Momento 4. Un balcón con mucha luz

(Una mujer está sentada en una silla de mimbre en el balcón con ropa de verano. Lee mientras riega una planta. Un hombre aparece, esta vez sin su cámara, se sienta justo debajo del balcón. Un hombre parece estar esperando algo.)

M: *(Canta.)* "Después de una frase bonita al oído como cualquier aspirante desconocido, me pongo a llorar, inesperada sensación la de estar sola con tanta gente alrededor". *(Suspira.)*

(Un hombre que hasta ahora no se ha movido de su lugar se asoma hacia donde esta Una mujer.)

M: ¿Hoy no poso?

H: Debe confundirme.

M: ¡Vaya! ¡Alguien se ha borrado la memoria!... Un eterno resplandor...

H: Yo quería preguntarle... ¿ha visto usted un hombre alto de barba con abrigo de lana pasar por aquí?

M: ¡Hombre, ya dejé de fingir!... Estoy peor que nunca... de seguro por esta le pagan bien.

H: Señorita, no quiero molestarle... ¿ha visto un hombre con esas características?

M: Si le digo que sí ¿qué me da a cambio?

H: Ya me estaría dando la respuesta y yo me iría.

M: ¡Bueno! Entonces le digo que no. Así me toma la maldita fotografía y después se larga.

H: ¡Gracias por su tiempo! De verdad no quería molestarle.

M: *(Posa exageradamente.)* ¿Le parece así?

H: *(Ríe.)* Pues, si no lo ha visto me voy. ¡Gracias!

(Un hombre se marcha por la dirección contraria. A Mitad del camino de salida se detiene y observa a Una Mujer. Ella continúa leyendo. Cuando se percata de que está sola, se apoya sobre el balcón.)

M: *(Gritando.)* ¡Hey! ¿Hay alguien ahí?

(Silencio.)

(Vuelve a sentarse y ríe.)

Momento 5. Un balcón con lluvia

(Un hombre de pie observando el balcón con una sombrilla. Una mujer se asoma agachada. Está vestida con traje de baño de colores pálidos.)

M: *(Susurrando.)* ¿Está ahí?

(Un hombre saca de su saco una cámara fotográfica y le toma fotografías a uno de sus pies que se asoma.)

H: ¿Señorita? Si no es mucha la molestia, ¿podría estirar la pierna? No alcanza a verse bien.

(Una mujer se asoma agachada y estira una pierna.)

M: *(Canta.)* "A borrachera diaria se me olvida que hay que regresar. Cuando mueren las malditas golondrinas ya no vuelven nunca a la ciudad".

H: Señorita, ¿podría colocarse la peluca y salir?

M: No quiero.

H: ¡Por favor! Es la última vez que le pido que se la coloque.

(Una mujer se asoma con una peluca rojiza, con los brazos caídos. Un hombre la fotografía.)

M: Listo. ¡Ahora, adiós!

(Una mujer se vuelve a agachar y se esconde detrás de las cortinas. Un hombre se queda mirando las fotografías que tomó hasta asegurarse de que están bien. Hace ademán de que se marcha, pero se esconde. Una mujer se asoma y se asegura que no hay nadie.)

M: Me enseñaron a callar. A guardar secretos, buenos y malos. A esconder detrás de la cortina los problemas más graves. *(Canta.)* "Los montones de momentos que pasé contigo a solas ya no volverán".

(Un hombre se asoma y tira una piedra hacia donde está ella con un papel anotado. Una mujer observa la piedra y la ignora.)

Momento 6. Un balcón en la noche

(Una mujer está de pie en el balcón observando al cielo con una camiseta gris y bailando con música suave que viene de la habitación. Patea la piedra. Cae fuera del balcón. Una mujer trata de tomarla cuando aparece Un hombre.)

H: *(Tomando la piedra.)* ¡Aquí está!

(Una mujer estática, estira la mano y la toma. Sus dedos se rozan. Un hombre se

sonroja.)

M: ¿Hoy no hay fotografías? No quiero cambiarme.

H: No, hoy no. ¿Leíste el papel?

M: *(Posando.)* Podríamos intentar unas fotografías así... *(Cambia de pose.)* Y ahora.

H: Señorita, ¡hoy no! No se preocupe. Descanse. Conteste mi pregunta.

M: ¡Sí, claro! Lo leí.

H: ¿Qué decía?

M: *(Titubeando.)* Decía...

H: Mentir... Estás muy grande para mentir.

(Un hombre se aleja y juega con una piedra hasta lanzarla hacia donde está Una mujer. Una mujer se agacha. Casi la golpea en la cabeza. Recoge la piedra y lee... Llora.)

Momento 7. Un balcón sin espejo

(Una mujer vestida como lolita está sentada en una silla de mimbre. Música fuerte suena en la habitación de atrás.)

M: Tal vez quiero irme lejos.

(Una mujer se acomoda la peluca color rosa y se sienta como una muñeca. Un hombre aparece por la derecha. No lleva consigo la cámara. Una mujer rompe su pose de muñeca y se quita la peluca.)

H: Señorita... ¡Nadie dijo que hoy no había fotos!

M: No quiero.

H: Señorita, ¿podría bajarle el volumen a la música?

M: Tampoco quiero.

H: Sin fotos, no hay trabajo. Sin trabajo, no hay comida. Sin comida, no hay vida.

M: Este corsé me talla. Podría tomarles una foto a mis manos. *(Posa con sus manos extendidas).*

H: No quiero robarle demasiado tiempo. Vamos... Colóquese de cuatro patas.

M: ¡Por favor! Déjeme en paz.

H: No, no, no. Vamos gatita, de cuatro.

M: ¡No quiero!

H: *(Abriendo el saco)* ¿Quién dijo que podías decirme no?

(Una mujer se agacha y trata de esconderse detrás de las cortinas del balcón.)

M: *(Grita.)* ¡Perdón, perdón!

Momento 8. Ventana y flores

(Una mujer de pie con una camiseta gris de espaldas al balcón. Grita en mudo mientras su cuerpo se encorva. La música, que proviene de la habitación, baja poco a poco. Vemos a Un hombre caminar hacia donde está ella desde dentro de la habitación con una planta recién floreada.)

H: ¿Señorita? ¡Espero que no le moleste que le trajera este regalo!

M: No me gustan las flores. *(Con garbo.)* Le dije que me gustan las plantas como las suculentas...

H: ¿Acaso no es esta una suculenta?

M: Sí, así es. Pero no me gustan las flores. *(Mueve su mano por el brazo de Un hombre. Este se aparta.)*

M: Supongo que no le gusta como me veo sin pelucas.

H: No dije eso. *(Baja la mirada y se sonroja.)*

M: Entonces, ¿hoy no hay fotos?

H: No... Hoy quería preguntarle si le gustaría que comiéramos juntos algún día.

M: No me gusta la comida. Como puede ver me mantengo en línea. *(Ríe.)*

H: Me gustaría que comiéramos.

M: A mí me gustaría que voláramos.

(Un hombre se aleja tres pasos del balcón. Se esconde detrás de las cortinas. Una mujer baja la cabeza y patea algo que suena como una cadena.)

M: Pero... ¡quién puede volar cuando está en una jaula!

(Un hombre, molesto, lanza la planta floreada hacia donde está Una mujer. Sale de la habitación. Cierra con llave. Una mujer corre a la ventana. Se asoma.)

M: ¡Ayuda!... ¿Hay alguien ahí?

(Una mujer cae al piso y se revuelca. Podemos ver por primera vez que uno de los pies de una mujer se encuentra atado a una cadena que se conecta con la pared. La cadena es lo suficientemente larga para que Una mujer se mueva por la habitación.)

Momento 9. Una ducha y paz

(Una mujer, vestida con una camiseta gris, está asomada por la ventana tratando de ver a lo lejos si Un hombre se acerca. Le duele la cabeza y tiene el maquillaje corrido, como si estuviese llorando. Suena música jazz desde la habitación. La mujer se recuesta debajo del marco de la ventana y podemos ver el interior de la habitación: gris, con residuos de comida; una cadena larga; varias pelucas, vestidos y tacones; una cómoda con luces, donde están el maquillaje y cepillos de cabello; al fondo, un inodoro con una pila austera y lo que parece ser un tubo de agua alto, escondido detrás de una cortina de baño sucia; cremas de depilar esparcidas por donde se ve la cortina y un cepillo de dientes nuevo en un paquete; un reloj digital parece estar pegado a la pared; cortinas sedosas de colores pasteles; una alfombra afelpada cerca de la ventana; plantas suculentas de colores; en una esquina, una grabadora con varios discos compactos y... el balcón.

Una mujer, que hasta ahora se mantenía sentada, canta: "Y tu aquí y yo allá, y yo aquí y tu allá, Et je, t'entends, quand tu, t'en vas, et si, tu restes, tu me, vois pas", mientras trata de sonreír. Se pone de pie y se coloca una peluca celeste. Se arrastra hacia donde está uno de los tacones y trata de quitarle la tapilla de la punta. Sonríe. Se limpia el maquillaje corrido con la camiseta y continúa intentándolo.)

Momento 10. Un balcón y lo poco que quedaba

(Un hombre se acerca a la ventana con una cámara y una caja. Una mujer vestida con bata blanca y una peluca roja se asoma por las cortinas. Lleva una boquilla de cigarrillo sin cigarro. Hace ademán de que necesita algo.)

H: ¡Cierto, cierto! Señorita... ¡Disculpe! Olvidé comprarlos. ¡Soy un inútil!

M: Estoy lista, viéndome increíble y no puedo jactarme de ello. Sin fotografías nadie va a recordarme. ¡A ver cielo! *(Apoyando sus pechos contra la baranda del balcón.)* ¿Cuánto te pagaron por las fotografías de la vez pasada? ¿1500? ¿2000?... No, no. No me diga... ¿3000?... Eso alcanza para que me invite a comer. ¿Dónde me va a llevar?

H: ¿Eso quiere decir que acepta ir conmigo a tomar un té?

M: Soy una mujer de vino y queso, querido.

H: No señorita. Usted es una mujer de té.

(Un hombre, molesto, tira al suelo la caja y la pisa hasta destruirla por completo. Toma una fotografía de la caja y otra de los pechos sobre la baranda y se marcha en dirección contraria. Una mujer tira la boquilla fuera del balcón.)

M: *(Grita.)* ¡Tiene razón!... Prefiero el té. El té de jazmín de la India, con flores de lavanda. Aunque he probado unos de Marruecos únicos: jazmín con canela y salvia. Una verdadera *delicatessen.*

(Un hombre continúa su camino y tira la cámara a un lado.)

M: *(Entre dientes.)* Prefiero que me arranquen cada pestaña y cada cabello de mis cejas antes de salir a tomarme un té con usted. ¡Maldito desgraciado!... ¡Lo odio!... *(Se agacha y llora.)* ¡Odio existir! ¡Odio pensar qué día es y qué hago aquí! ¿Dios, por qué no me has llevado? *(Su respiración se agita poco a poco hasta que la vemos eufórica. Se levanta y corre hacia la habitación. Corre tomando impulso e intenta saltar por el balcón. La cadena la detiene.)* ¿Por qué no me dejas cortarme la pierna?... ¿DIOS?... ¿ESCUCHAS?... ¿ALGUIEN ME ESCUCHA? *(Nuevamente toma impulso desde dentro de la habitación y trata de saltar. Esta vez se golpea la cabeza con la baranda del balcón y cae al suelo. Sangra.)*

Momento 11. No hay luz, siempre es oscuridad

(Una mujer vestida con una camiseta gris. Ha estado tirada en el piso en lo que podría ser una habitación subterránea, con una pequeña hendija que da a los pies del balcón. Juega con un vestido largo de lentejuelas hasta envolverse por completo simulando un cuerpo muerto. Un hombre aparece por el balcón con lo que pareciera ser una llave gigante.)

H: ¿Señorita? ¿Señorita Salazar?

(Una mujer no se mueve.)

H: ¡Señorita! ¡Por favor, no me deje!

(Un hombre corre hacia donde está la hendija. Se asoma. Da una vuelta y lo vemos entrar a la habitación de la mujer. Tras entrar cierra la puerta con la llave gigante y baja hacia donde está la mujer. Mueve el cuerpo de un lado a otro hasta que Una mujer finge despertarse.)

M: ¿Cariño?

(Un hombre se aleja del cuerpo.)

M: Te esperé toda la noche para cenar... O tomar la taza de té que me prometiste.

H: Sí... ¡La traje señorita!

M: ¡A ver! No me llames Señorita. Llámame Cariño, Mi Amor, Mi Cielo... algo más cariñoso.

(Una mujer se desprende del vestido mientras trata de sentarse, abriendo sus piernas.)

M: Llámame... ¡A ver! ¿Qué tal... Galletita?

(Un hombre se aleja hasta subir donde está la puerta. Abre con la llave y sale.)

M: ¿Mi cielo? ¿Estás ahí?... No te escucho.

(Un hombre aparece con una bandeja con dos tazas de té caliente y unas galletas de mantequilla en un pequeño plato.)

H: ¡Señorita! ¿Podría por favor ponerse de pie y venir para que disfrutemos del té?

M: ¡Claro mi angelito! Insisto... llámame "Mi Princesa".

(Una mujer se pone de pie y camina hacia donde está Un hombre. Antes se coloca el vestido de lentejuelas.)

M: ¿Dónde nos vamos a sentar mi amor?

H: Aquí. *(Señala el suelo.)*

M: ¡Claro! ¡Me encanta!

(Una mujer se sienta incómodamente mientras trata de cruzar las piernas. Toma la taza de té y mira a Un Hombre. Levanta el dedo meñique. Un Hombre levanta la mirada, que hasta ahora se mantenía observando el piso, y sonríe. Una mujer se pone de pie lentamente y lanza la taza de té en el rostro de Un Hombre. Este se levanta precipitadamente tratando de agarrarla sin poder ver y se tropieza con las cosas de la habitación.)

H: SEÑORITA *(Grita.)* VENGA AQUÍ AHORA MISMO.

(Una mujer, tratando de quitarse el vestido, se aleja a una esquina y toma la cadena que tiene atada a uno de sus pies. Trata de pasarla por el cuello de Un hombre. Un hombre la detiene, toma la cadena y la tira al suelo. Una mujer se agacha y se cubre la cara. Un hombre la toma por la cintura y la levanta.)

H: ¡No había quedado claro que no debemos tener contacto físico! (*La abofetea.*)

H: ¡No debemos nunca faltarnos el respeto! (*La abofetea más fuerte. Una mujer trata de cubrirse el rostro mientras llora.*)

H: ¡No debemos nunca hablarnos de tú, ni de vos!... ¡No debemos tomar esas ligerezas! (*La abofetea hasta que Una mujer cae al piso.*)

M: (*Canta.*) "Siempre me quedará la voz suave del mar, volver a respirar, la lluvia que caerá sobre este cuerpo y mojará la flor que crece en mí... y volveré a reír... y cada día un instante volveré a pensa' en ti."

(*Un hombre toma la llave. Abre la puerta. Sale. Cierra la puerta con llave.*)

Momento 12. Tiene que acabar y una hendija

(*Una mujer vestida con un traje salmón encerrada en su habitación. Ahora la cadena es más corta y en una esquina hay tela afelpada y sedas pegadas a la pared. Un par de luces y un trípode sin cámara. La esquina da la sensación de un "mini set fotográfico". El balcón está cerrado y la ventana también. Una mujer se arrastra hasta llegar al tubo de agua, bebe agua.*)

M: (*Grita.*) ¡Señor!... ¿Hoy no hay fotografías?

(*Un hombre toca la puerta dos veces. Abre. Lleva consigo una cámara instantánea. Cierra con llave. Una mujer se agacha.*)

M: ¡Le gusta que le llame Señor! ¿No es así?

(*Un hombre se acerca hacia donde está Una mujer, se agacha a su altura y le ata las manos.*)

M: Señor, ¡estamos llegando a extremos!... Con un cigarrillo lo perdono... ¿Tiene uno?

(*Un hombre se aleja y le toma fotografías instantáneas.*)

M: Ese, sin duda, no es mi mejor ángulo.

(Un hombre hace ademán de que ella debe moverse hacia la esquina donde está el "mini set" de fotografías.)

M: Sí hay fotos. ¿Este vestido está bien?

(Una mujer trata de ponerse de pie. Tambaleándose de un lado a otro camina hacia la esquina.)

M: Puedo maquillarme.

(Un hombre toma tres fotografías instantáneas. Saca un encendedor de su bolsillo y quema dos.)

M: Señor, ¿qué tal si jugamos ajedrez?... Si gano, puedo usar el balcón.

(Un hombre se aleja. Deja la cámara en el piso. Abre la puerta. Sale y cierra con doble llave. Una mujer se desata fácilmente y va a por la cámara. Trata de tomar una foto, pero no tiene rollo. Se escucha Un hombre alejarse. Una mujer escucha a través de la puerta y se asoma al balcón cerrado. Trata de ver por las hendijas. No alcanza a ver nada. Una mujer corre a la parte de abajo y se asoma por la hendija.)

M: *(Grita.)* ¡Perdón, perdóneme! ¡A mí me gustan las fotos! ¡Las disfruto!... ¡Por favor!... Juguemos Jenga... Si gano puedo abrir la ventana, ¡por favor!... ¡Señor!

(Una mujer se deja caer al piso y canta.)

Momento 13. ¿Un nuevo balcón?

(Una mujer vestida como una coneja de playboy sentada en la silla de mimbre mirando hacia una esquina de la habitación. Observa a su alrededor. Escucha pasos. Voltea la silla y se sienta como una muñeca. Sonríe. Un hombre abre la puerta. Entra. Cierra con doble llave. Esta vez usa una llave de tamaño normal.)

M: ¡Buenos días, Señor!

H: Señorita, ¿está usted lista?

M: Sí señor, ¡claro!

(Un hombre se acerca y de su saco saca una pequeña suculenta color azul.)

M: ¡Gracias, Señor!

(Una mujer sigue sentada moviendo lentamente uno de los tacones que lleva puestos de un lado a otro.)

H: ¡Vamos a ver!... Recite un poema que se sepa de memoria.

(Una mujer quieta, no se mueve.)

H: ¡Vamos Señorita!

M: No me sé ningún poema señor, ¡disculpe!

H: ¿No se sabe una oración?

M: Mi familia es mormona. No oramos de esa forma.

H: Mentir. ¡Está muy grande para mentir!

M: ¡Tiene razón!... Me sé el Padre Nuestro.

H: ¡Vamos, recítelo para mí!... Pero siga moviendo la pierna.

M: ¿Puedo hacerlo de pie?

H: ¡Claro!... Siempre que no tengamos contacto físico.

M: ¿Puede voltearse?... Me da pena.

H: Está bien señorita.

(Un hombre se voltea al lado contrario. Una mujer se agacha y se quita el tacón del pie que ha estado moviendo. Se acerca delicadamente.)

M: Padre nuestro, que estás en el cielo, santificado sea tu nombre...

(Una mujer toma impulso y clava la punta del tacón en el cuello de Un hombre. Un hombre trata de agarrarla, pero no alcanza. Hay sangre por todo lado. Un hombre saca una pistola de su saco y trata de disparar, pero no tiene fuerzas. Una

mujer se acerca y le quita el arma. Le dispara dos veces en el pecho. Un hombre cae. Una mujer corre a buscar en los bolsillos del saco de Un hombre las llaves. Encuentra una llave y corre hacia la puerta. Abre la puerta, pero cuando trata de salir la cadena se lo impide, cae al suelo.)

Momento 0. Aire sin edificios

(Una mujer con ropa deportiva corre por un parque lleno de árboles. Lleva una botella de metal en la mano, audífonos y el teléfono. Se detiene. Mira alrededor. Ve a una pareja a su lado y continúa corriendo. Un hombre está sentado en una banca de cemento con un libro rojo. Una mujer, al pasar frente a él sonríe y continua. Un hombre no levanta la mirada. Una mujer se detiene a tomar agua y se echa en la cara. La pareja que estaba del otro lado del parque se levanta y se marcha. Se encienden los postes de luz del parque, a pesar de ser las 11 a.m. El sol se esconde detrás de las nubes y el día se nubla. Un hombre se levanta de la banca, guarda el libro en su saco y corre hacia donde está Una mujer. Una mujer no se percata por los audífonos y sigue tomando agua. Un hombre se acerca y le toma los brazos. Una mujer grita, trata de patearlo, le golpea la ingle, corre en dirección contraria y se tropieza con un desnivel por las raíces de los árboles. En el suelo del parque cierra los ojos. Un hombre camina delicadamente hacia donde está Una mujer.)

FIN

El Cloro no limpia los pecados

Guión

Por Mónica González Murillo

1 INT. COCINA/CASA RURAL. MEDIA TARDE 1

(Una boca de mujer sopla un puñado de frijoles, haciendo esparcir por la mesa tierra y piedritas de frijol.)

(Unas manos arrugadas, un poco sucias, dividen un grupo entre dos: uno de frijoles y otro de piedritas.)

2 INT. ESPACIO NO DETERMINADO. MEDIA TARDE 2

(Un gran puñado de harina estática. De pronto, esta comienza a moverse. Parte de un rostro parece emerger.)

3 INT. COCINA/CASA RURAL. MEDIA TARDE 3

(Un espacio negro que de pronto es iluminado por la resistencia dentro de un horno moderno. Dentro de este no hay nada.)

4 EXT. PATIO/CASA RURAL. MEDIA TARDE 4

(Se escucha el viento entre los árboles. Una sábana blanca, limpia, está tendida, se mueve con el viento.)

5 INT.CUARTO/ CASA RURAL. MEDIA TARDE 5

(Rosa mese a un bebé de espaldas.)

6 INT. COCINA/CASA RURAL. MEDIA TARDE 6

(En una silla frente a una pequeña mesa, dividiendo un puñado de frijoles se encuentra una mujer, Alba (55, tez blanca, estatura pequeña) está muy concentrada. Frente a ella, sentada en la silla del otro extremo de la mesa hay otra

mujer, Rosa (47). También divide un puñado distinto de frijoles. Apenas se escucha el sonido de los frijoles arrastrándose por la mesa.)

Alba: ¿Qué podríamos hacer hoy para tomar café?

Rosa: Ya hablamos de eso. Hagamos pan de levadura... Ahí hay de todo para hacer.

Alba: ¡Uy si!... Pero había pensado en hacer prestiños. ¡No ves que me trajeron ayer miel fresquita!

Rosa: ¡Ah sí!... Pero tenemos que gastar mucho aceite y... ¡bueno!... La verdad es que estuve escuchando en el tele. Todo eso es lo que se le queda a uno en las piernas.

Alba: ¡Es cierto! *(Pausa.)*

Rosa: *(Mientras se acerca a la ventana.)* ¿Vos creés que hoy llueva?

Alba: No creo. ¡Ojalá que no! No ves que tengo los edredones afuera. No entiendo, antes eran unos veranos largos. Ahora llueve todo el año. ¡Estoy cansada yo!

Rosa: ¡Sssssssh, ya! ¡Tampoco para tanto! No grite que me lo va a despertar.

Alba: Esta mesa está como sucia, esto es una mancha. Andá traete un paño con cloro.

(Rosa sale y entra con dos paños manchados de cloro. Le entrega uno a la Alba. Ambas se ponen a limpiar la mancha de la mesa. Tocan el timbre. La reacción en los ojos de ambas es quebrantadora. Sus ojos, manos y gesto reaccionan ante el sonido.)

Alba: ¡Ay, viene gente, viene gente! ¡Qué tirada!... Vaya fíjese por la ventana quién es.

(Se escucha una música extradiegética. Los ritmos se aceleran. Alba y Rosa guardan los frijoles en una taza y se cambian el delantal por uno más bonito. Se quitan el delantal y se lo vuelven a poner varias veces, a diferentes ritmos.)

(Rosa sale de la cocina para irse a fijar quién viene, mientras Alba se pone a lavar un par de trastes que quedaban sucios.)

Rosa: *(Grita desde fuera de la cocina.)* Es tío Roberto... y con las nietas parece. ¡Ay, sí! Veo un carro lleno.

(Rosa entra nuevamente a la cocina.)

Rosa: ¡Ay, Dios! ¿Y qué hacemos de café?

Alba: ¡Ya dijimos! Vamos a hacer pan de levadura.

Rosa: Pero eso dura mucho en hacerse.

Alba: Mientras ellos se van a ver el jardín está... Ya ya lo pongo a hacer.

7 INT. SALA COMEDOR/COCINA. MEDIA TARDE 7

(Roberto abre la puerta con una de sus manos. Esta mano está sucia, al parecer de barro. Entra por el comedor que da a la cocina. Se asoma y ve a las dos mujeres en la cocina.) (Subjetivo.)

Alba: ¡Ay! ¿Cómo te va? ¡Qué bueno que viniste!... Pero pasá adelante, ¡qué te pasa!... ¿Con quién andás?... ¿No les llovió de camino?... Ya les vamos a hacer cafecito. ¿Ustedes comen pan verdad? ¿Vienen con hambre? ¡Ay, qué lindo que vinieran!

Rosa: ¿Ya vieron cómo están las suculentas? ¡Ay, por favor! ¡Vayan!... Están atrás, por el estañón verde.

(Roberto se aleja de la cocina. Con la misma mano sucia cierra la puerta.) (Subjetivo.)

ALBA: *(Mientras mira por la ventana.)* ¡Uy parece que va a llover!... Se nos va a...

ALBA: *(Continúa.)* ... mojar la ropa. *(Pausa.)* No no... Todavía no.

Alba y Rosa: Hagamos el pan.

8 INT. ESPACIO NO DETERMINADO. DÍA 8

(Un gran puñado de harina estática. De pronto, un rostro comienza a moverse incómodo.)

9 INT. COCINA/CASA RURAL. MEDIA TARDE 9

(Dos manos con un paño blanco manchado de cloro limpian la mesa. Vemos el espacio dentro de un horno vacío.)

10 INT.CUARTO/ CASA RURAL. MEDIA TARDE 10

(Rosa mese a un bebé de espaldas.)

[11]11 EXT.PATIO. /CASA RURAL. MEDIA TARDE 11

(Una sábana blanca, limpia, está tendida. Se mueve con el viento.)

12 INT. COCINA/CASA RURAL. MEDIA TARDE 12

(Alba coloca los ingredientes para hacer el pan en la mesa. Coloca un tarro con harina, levadura en grano, huevo, azúcar, sal, mantequilla y leche. Rosa saca los implementos para poner a hacer el café, un chorreador, un pichel y 4 tasas.)

Alba: *(Mientras prepara la levadura.)*¿Qué creés vos que querrán ellos de comer ahora para la noche?

(Mientras prepara el relleno del pan). ¡Bueno!... A Tío le encantan los chicharrones. Le podemos hacer una panzada que está ahí en el congelador. Un chimichurri... no sé... yuca. Tipo vigorón o eso que venden.

(Sube el tono.) ¡Ay, ya sé!

Rosa: ¡Sssshhh! Me lo vas a despertar.

Alba: ¡Perdón!... Que ya sé... podemos hacer un picadillito de vainicas. Nada más arreglamos la carne. Son dos momentos y está.

(Secuencia de Montaje:

Alba y Rosa vuelven a limpiar la mesa.

Alba y Rosa preparan la masa del pan.

Alba y Rosa toman la levadura.

Rosa le agregan un kilo de harina.

Rosa dos huevos más, una barra de Numar, y otra taza de leche.)

Rosa: Estoy pensando que eso es muy grasoso. Las chiquillas de él se cuidan, ¡no crea! Mejor ponemos a hacer unas fajitas de pollo con arroz y frijoles. Ahí hay aguacates también.

(Siguen conversaciones sobre la decisión de la comida mientras finalizan de preparar el pan.)

Alba: *(Asustada mientras mira por la ventana.)* ¡Ay, ahora sí! Va a llover. ¡Se nos va a mojar la ropa! *(Pausa.)*

Rosa: Sí, ya viene el agua... *(Se acerca con la otra a la ventana y ambas miran hacia afuera.)* ... No, todavía no.

(CONTINÚA)

CONTINÚA: 6.

Alba y Rosa: Amasemos el pan.

13 INT. ESPACIO NO DETERMINADO. DÍA 13

(Un rostro dentro de un gran puñado de harina se mueve incómodo, como si se comenzara a ahogar.)

14 INT. COCINA/CASA RURAL. MEDIA TARDE 14

(Unas manos amasan el pan en la mesa. Unas manos aprietan el pan, lo cortan en pedacitos, palmean trozos redondos para hacer las empanadas. Otras manos les agregan el relleno y las cierran. Rosa pone a chorrear el café. Coloca las cucharadas, coloca la cafetera y prepara las tazas. Vemos el espacio dentro de un horno vacío.)

15 EXT.PATIO. /CASA RURAL. MEDIA TARDE 15

(A la sábana blanca, limpia que está tendida le comienzan a caer un par de gotas.)

16 INT.COCINA/CASA RURAL. MEDIA TARDE 16

(Alba y Rosa colocan el pan en la bandeja del horno. El pan comienza a calentarse dentro del horno. La perilla del horno es colocada en 2.50.)

17 INT.COCINA/CASA RURAL. MEDIA TARDE 17

(Roberto entra a la cocina.) (Subjetivo).

Alba: ¡Pasá adelante, por favor!... ¡Sentate! Ya casi está el pancito. ¿No les llega el olor?

(Alba y Rosa limpian la mesa de manera casi coreografiada con un poco de disgusto.)

(Rosa está acomodando lo sucio de la cocinada, guardando materiales en los muebles y Alba lava los trastes. El tío Roberto las observa.)

Rosa: Contanos cómo han estado todos en la casa... ya casi está el cafecito. Dígales a ellas que vengan ya a sentarse. Nada más no podemos hablar muy duro, no ves que está durmiendo.

(Las manos sucias de Roberto están sobre la mesa, por momentos se roba el paño con cloro que dejaron por ahí y se limpia los dedos.)

Alba: ¿Por qué es que no han venido ni a saludar las chiquillas suyas?

Rosa: *(Mientras acomoda la cocina.)* Andan en el patio viendo las matas.

Alba: *(Se dirige a Rosa.)* ¿Qué les podemos hacer de comer ahora para la noche?

Rosa: ¡Mmm!... Pongamos a descongelar una carne.

Alba: Podemos hacer unas tortas de molida... mmm... ¡bueno, no sé! Tal vez es mejor poner a descongelar un pescado.

Rosa: Voy a hacer el arroz.

Alba: Voy a poner la carne a descongelar.

Rosa: Ya viene el aguacero... Se nos va a mojar la ropa.

Alba: Voy a ver qué hacemos como de ensalada.

Rosa: Podríamos hacer unas tortas de carne.

Alba: Hacete el arroz.

Rosa: Voy a hacer el arroz.

(Roberto se vuelve a limpiar los dedos. Pero estos siguen igual de sucios.)

Alba: ¿Es que qué querrán comer?... Mejor preguntamos.

Rosa: Sí. Voy a preguntarle a María.

Alba: Hacete el arroz.

(Ambas dejan de limpiar y acomodar. Se colocan una a cada lado de la mesa y se ven a los ojos.)

Rosa: Voy a hacer el arroz.

Alba: Voy a poner la carne a descongelar.

Rosa: Ya viene el aguacero... Se nos va a mojar la ropa.

Alba: Voy a ver que hacemos como de ensalada.

Rosa: Podríamos hacer unas tortas de carne.

Alba: Hacete el arroz.

Rosa: Voy a hacer el arroz.

Alba: ¿Es que qué querrán comer?... Mejor preguntamos.

(CONTINÚA)

CONTINÚA: 9.

Rosa: Sí. Voy a preguntarle a María.

Alba: Hacete el arroz.

Rosa: Voy a poner la carne a descongelar.

Alba: Ya viene el aguacero... Se nos va a mojar la ropa.

Rosa: Voy a ver que hacemos como de ensalada.

Alba: Podríamos hacer unas tortas de carne.

(Roberto se vuelve a limpiar los dedos que siguen igual de sucios.)

Alba: Hacete el arroz.

Rosa: Voy a hacer el arroz.

Alba: ¿Es que qué querrán comer?... Mejor preguntamos.

Rosa: Sí. Voy a preguntarle a María.

Alaba: Hacete el arroz.

19 *(Se moja la sábana blanca que está tendida.)*

20 INT. COCINA/CASA RURAL. MEDIA TARDE 20

(El pan que estaba en el horno comienza a quemarse.)

21 INT. ESPACIO NO DETERMINADO. DÍA 21

(Un rostro de mujer dentro del puñado de harina se está ahogando. Un huevo es agregado a la harina donde está el rostro de la mujer y le salpica sobre sus ojos.)

22 INT.CUARTO/ CASA RURAL. MEDIA TARDE 22

(Rosa mese a un bebé de espaldas.)

23 INT. COCINA/CASA RURAL. MEDIA TARDE 23

(Roberto se vuelve a limpiar los dedos, ahora con más fuerza. Se escucha un bebé

*llorando. Un aguacero fuera. La cafetera del café anunciando que el agua ya está
caliente.)*

*(Se queda el barullo presente, se intercalan las 4 escenas anteriores con la escena de
las mujeres en la conversación.)*

Rosa: Voy a hacer el arroz.

Alba: Voy a poner la carne a descongelar.

Rosa: Ya viene el aguacero... Se nos va a mojar la ropa.

Alba: Voy a ver que hacemos como de ensalada.

Rosa: Podríamos hacer unas tortas de carne.

Alba: Hacete el arroz.

Rosa: Voy a hacer el arroz.

Alba: ¿Es que qué querrán comer?... Mejor preguntamos.

Rosa: Sí. Voy a preguntarle a María.

(CONTINÚA)

CONTINÚA: 11.

Alba: Hacete el arroz.

Alba y Rosa: Sirvamos el café.

24 INT. COCINA/CASA RURAL. MEDIA TARDE 24

(Roberto entra a la cocina.) (Subjetivo).

Alba: ¡Pasá adelante, por favor!... ¡Sentate! Ya casi está el pancito. ¿No les llega
el olor?

*(Alba limpia la mesa y está acomodando los platos para que cuatro personas se
sienten en la mesa. Rosa está acomodando lo sucio de la cocinada, limpiando la*

mesa y los muebles. Roberto las observa.)

Rosa: Contanos cómo han estado todos en la casa... ya casi está el cafecito. Dígales a ellas que vengan ya a sentarse. Nada más no podemos hablar muy duro, no ves que está durmiendo.

(Comienza a llorar un bebé. Rosa sale corriendo.)

(continúa)Mirá hablando del rey de roma. *(Se ríe.)* ¿Por qué es que no han venido ni a saludar las chiquillas suyas? ¡Ay!... Y estamos pensando que ustedes... que... ¿qué iban a querer para la comida?... ¡Por favor, quédense!... ¿A usted no le gustan los chicharrones de panzada?... ¡Tengo fresquita!... Es un momentito y podemos hacer.

Alba: *(Mientras ve por la ventana.)* ¡Mirá!... ¡Allá andan!... Andan en el patio viendo las matas.

(Rosa vuelve a entrar a la cocina. Abre el horno y revisa el pan que ya está.)

(CONTINÚA)

CONTINÚA: 12.

(Dentro del horno está el pan recién cocinado. Se ve delicioso.)

Rosa: ¡Bueno! ¡Ya el pan está!

(Rosa saca el pan del horno. Limpia la mesa con el paño que no había usado Roberto y lo sirve.)

Alba: *(Mientras sirve el café en una taza.)* Aquí está el cafecito. ¿Cuánto de azúcar?

Alba: *(Mientras se acerca a la ventana.)* ¡Ay, ahora sí se vino!... ¡Ya vengo! *(Sale de la cocina hacia el cuarto de pilas.)*

(continúa)Tío aquí hay leche caliente. Hay leche en polvo, también crema del súper. ¿Con qué lo toma usted?

(Rosa le sirve el café. Se lo endulza y le coloca leche caliente.)

Rosa: Estamos pensando que ustedes... que... ¿qué iban a querer para la comida?... ¡Por favor, quédense!... ¿A usted no le gustan los chicharrones de panzada?... ¡Tenemos fresquita!... Es un momentito y podemos hacer.

(Alba vuelve a entrar a la cocina.)

Alba: No se mojó la ropa.

(Rosa coloca la taza de café frente a Roberto. Alba coloca una empanada en un plato y se lo coloca también al frente. Roberto con sus manos igual de sucias que cuando abrió la puerta de la cocina, toma el pan con una mano y la taza de café con la otra. (Subjetivo) Las manos de ambas vuelven a limpiar la mesa. La misma mancha, con sus dos trapos con cloro.)

FIN

7 de mayo de 1945. Fin de la Segunda Guerra Mundial. Las tropas soviéticas y estadounidenses invaden Alemania. Los prisioneros son liberados de los campos de concentración y se da inicio a la captura Nazi. En este periodo, también... ocurren las llamadas "violaciones masivas". Miles de mujeres alemanas son las víctimas de los aliados occidentales y del Ejército Rojo. Se cree que más de 240.000 mujeres entre los 8 y 80 años fueron violentadas una y otra vez...

Deburdeles

Por Andrea Miranda

Personajes

Shiobhan

Ebba

Mika

Corinna

Tova

Katja (Katia)

Frieda

Hombre 1 (Charles)

Hombre 2 (Philippe)

(Año 1945. Una oficina. En ella Shiobhan, Ebba y Mika.)

Shiobhan: *(Sentada en un escritorio revisa con detalle un folder con documentos.)* ¿Berlín me dijo?

Ebba: Sí señora. Neukölln[1].

Shiobhan: Y, por lo que veo, sabe tocar el violín... ¿tiene uno?

Ebba: No señora. Lo vendí después de que finalizara la guerra.

Shiobhan: ¡Ya veo!... ¡Póngase de pie!

(Ebba se levanta y Shiobhan la rodea varias veces mientras la observa cuidadosamente.)

Shiobhan: 19 años, pero aparenta de menos... ¿es usted virgen?

(Ebba asienta con la cabeza.)

Shiobhan: Una perla en medio de tanto carbón y cenizas. *(Sonríe.)* Vamos a hacer que valga la pena. *(Toma asiento y Ebba la sigue.)* No se habla a menos que se le ordene. La hora de levantarse es a las 9. Se come dos veces al día. Después de las 5 se abren las puertas y sonreír. *(Pausa.)* No se olvide de sonreír señorita Ebba.

Shiobhan: ¡Mika! *(Le entrega una llave.)* Lleve a esta criatura al cuarto # 6 e indíquele las reglas de la casa. *(A Ebba.)* Su maletín permanecerá conmigo. Véalo como una forma de pago por mi hospitalidad.

(Las jóvenes salen. Se cierra la puerta. Mika y Ebba caminan en silencio por varios segundos.)

Mika: Puede elegir un nombre. La Madame deja que sus hijas elijan un nombre la primera noche... ¡una forma de olvidar!

Ebba: ¡Me gusta Ebba!... Así se llamaba mi mamá. ¿Mika?... ¿Ese no es tu nombre?

---

1. https://es.wikipedia.org/wiki/Neuk%C3%B6lln

Mika: *(Interrumpiendo.)* Los quehaceres de la casa se hacen en conjunto. El tiempo para bañarse es de 2 minutos. Las hermanas no se pelean. *(Entregándole una bolsa.)* Tres mudadas de ropa para todo el año. Se otorga una nueva cada Navidad. Se trabaja de 5 a 7 horas al día. No se habla con los clientes y se hace exactamente lo que se le ordene... Si se desacata una orden no hay raciones de comida en todo el día. Eso la primera vez... ¿Quedó claro?

(Ebba asienta con la cabeza.)

Mika: Este es el cuarto. Durante el día la puerta permanece abierta. Se cierra solo en horario laboral.

Ebba: ¡Gracias! ... Mika...

Mika: *(Indiferente.)* En 40 minutos se sirve el almuerzo. La cocina está al fondo, a la izquierda y luego a la derecha. *(Se marcha.)*

(40 minutos después.)

Shiobhan: Katja ¡siéntate! ¿Qué te he enseñado de los modales en la cocina?

(Katja toma asiento al lado de Shiobhan. Corinna, Tova y Frieda se sientan con sus respectivos platos. La última en llegar es Mika. Después de unos segundos entra Ebba.)

Shiobhan: Un poco tarde, pero no demasiado... ¡Ven!... Hay sopa de verduras con pescado...

Corinna*: (A Tova mientras le mete la mano por debajo del vestido.)* Es linda, ¿no te dan celos? Justo en el cuarto de al lado. Yo seré la primera en escucharla ronronear, como a un pequeño gatito...

Frieda: ¡Ya basta, Corinna! *(A Tova.)* Está bromeando. Su humor es demasiado negro para esta casa... ¡no le hagas caso!

Corinna: ¡Es la verdad!... O ahora vamos a pretender que todas las noches tomamos brandi y comemos cordero. La razón por la que hay pescado hoy es por lo que hicimos anoche, o... ¿tampoco puedo hablar al respecto? *(A Ebba.)* ¡Saborea cada bocado!... Porque ellos también lo hacen...

Frieda: ¡Corinna!

(*Corinna se levanta y se le avienta a Ebba con cólera.*)

Corinna: ¡Pero mírenla! Valdrá una fortuna... La piel parece de leche... (*Desabotonándole la camisa abruptamente.*) ... y los pechos bonetes de pan. (*Muerde uno.*)

(*Ebba grita de dolor mientras Corinna limpia sangre de su boca.*)

Shiobhan: ¡Es suficiente! (*Se levanta y golpea la mesa.*) ¡Me avergüenzas, Corinna! ¡A mi cuarto! ¡Ya!

(*Shiobhan y Corinna salen de la cocina.*)

Katja: (*A Ebba mientras le da una toalla con agua tibia.*) ¡Lo lamento!... Corinna... (*Pausa.*) ... no es ella últimamente... Después de... después de que...

(*Se escuchan al fondo los gritos de Corinna. Tova tapa sus oídos mientras las demás hacen silencio. El momento es interrumpido por Mika.*)

Mika: ¡Suficiente por hoy! A sus cuartos. (*Pausa.*) ¡Todas!

(*3 horas después.*)

(*Mika entra al cuarto de Ebba.*)

Mika: ¡Despierta ya! ¡Es hora!

Ebba: Tengo miedo, Mika...

Mika: (*Se ríe.*) ¿Miedo?... ¿Miedo dijiste?... Miedo da ver a tu novio alejarse en un vagón Arbeitsdorf o que confundan a tu madre con un cerdo por el simple hecho de tener ojos negros. (*Pausa.*) No, Ebba... Que te arda la vulva no es para tener miedo. El dolor se cura con toallas tibias y un poco de manzanilla... El verdadero miedo no está en esta casa... De todas formas, hoy te espera la Madame. ¡Ve ya! Su cuarto es la puerta sin número.

(*Minutos después, Ebba toca la puerta de Shiobhan.*)

Shiobhan: ¡Entra! Y vuelve a cerrar... ¡Acércate niña!

Ebba: Madame...

Shiobhan: Shh, shh, shh, shh. *(Mientras le tapa la boca.)* Te haré un favor... y... prometo que no te dolerá... *(La observa.)* ¡Eres tan hermosa! Desearía dejarte en el anaquel de muñecas de porcelana. No puedo creer que fueras tú aquella criatura rogando por pan en el mercado y... luego... imaginar que tantos pelearán por un bocado de ti. *(Pausa.)* ¡Pero hoy no! ¡Hoy no es ese día!

(Shiobhan le desabotona el vestido y la mete a la cama con ella.)

(Corinna, acostada boca abajo con su espalda al descubierto. Su rostro sumergido en la almohada. Tova, junto a ella, limpia sus heridas con un paño. Katja, en una silla cerca de la cama, sostiene la mano de Corinna. Corinna gimiendo de dolor.)

Katja: ¡Estate quieta, Corinna! Fue tú culpa que esto pasara... ¡Estabas tan bien! *(Pausa, dirigiéndose a Tova.)* ¡No sé cómo lo haces! Yo no podría estar un día entero con ella.

(Corinna vuelve a gemir.)

Katja: ¡Sí! Estoy hablado de ti. ¡Tienes que aprender a controlarte! ... si no... Shiobhan te venderá al señor del banco... ¿Cómo es que se llama?

Corinna: *(Entre dientes.)* ¡Bedrick!

Katja: *(Riendo y bromeando.)* ¡Él te ama, Corinna!... Cómo cuando trajo bombones de chocolate y ron, ¿te acuerdas?... Mika bailando desnuda en las escaleras y... ¡Shiobhan persiguiéndola con la escoba!

(Las tres ríen.)

Corinna: *(Ríe y gime, mientras dice entre dientes.)* ¡No me hagan reír!

(Entra Mika, se ríen aún más.)

Mika: ¿Ahora soy un bufón?... O... *(Viendo de manera sarcástica a Tova.)* ¡Un judío en el crematorio!

Katja: ¡No seas sínica, Mika! Deberías aprender a olvidar.

Mika: Recordar es lo que me mantiene de pie. *(Mientras observa a Corinna.)* No deberían ayudarla. En 15 minutos tenemos que abrir las puertas. Hay 11 afuera: 2 para Tova, 3 para Frieda, 2 para ti Katja, 3 para mí y, Bedrick, para Corinna.

(Ríen. Mika permanece seria.)

Katja: ¿Y la nueva?... Estoy segura de que Shiobhan cobrará una fortuna por ella. Apuesto a que es virgen. *(Pausa.)* ¡Eso espero!... Quizá así podamos comer estofado de conejo para Navidad.

Mika: No, hoy no trabajará. Shiobhan está con ella... ¿Dónde está Frieda? *(No hay respuesta por parte de ninguna.)*

Katja: ¿Hoy es la bienvenida verdad?

Mika: ¡Sí! A las diez... *(Dirigiéndose a Corinna.)* Así que dile a tu querido que te dé para un poco de vino... ¡Se lo debes, Corinna!... La pobre no hizo nada para merecer tu desprecio. *(Pausa.)* ¡Vamos ya! No hay tiempo que perder... *(Suspira.)* ... y lozanas solo unas cuantas horas. *(Aplaude dos veces.)*

(Las tres se marchan. Corinna se sienta con gran molestia, mientras se pone el camisón.)

(4 horas más tarde.)

(Ebba sale del cuarto de Shiobhan. Tiene una pequeña molestia al caminar.)

Frieda: *(En la oscuridad.)* ¡Psst! ¡Por aquí! ¡Ebba!

Ebba: *(Susurrando.)* ¿Sí?... No veo nada...

Frieda: *(Enciende un fósforo.)* ¿Ya?

(Ebba y Frieda se encuentran.)

Frieda: ¿No vas a perderte tu bienvenida o sí?

Ebba: ¿Bienvenida?

Frieda: Ya sabes... beber sangre... orarle al Führer[2]... *(Ríe.)* ¡Estoy bromeando! ¡Pareces de mentira! ¿Dónde estuviste todos estos años?

(Ebba baja su mentón.)

Frieda: *(Mientras levanta su rostro.)* ¡No, no, no! ¿Sabes? No todas son de aquí. Yo, por ejemplo, nací en Francia. No nos escondemos. Somos familia y tú eres nuestra nueva hermanita... *(Con las manos en el rostro de Ebba.)* ¡Nunca hacia abajo! Sobrevivimos mirando hacia adelante, ¡siempre!

(Entran a un cuarto pequeño. Mika, Katja, Corinna y Tova sentadas en un círculo. Hay vino, varias candelas y flores secas en el centro.)

Corinna: ¡Por fin llegó la nueva muñeca de Shiobhan! *(Pausa.)* ¡No te ofendas hermanita! Quería dejarte un recuerdo para que nunca te olvides de mí. *(Palpa dos veces el suelo justo al lado de ella.)*

(Frieda observa a Ebba y sonríe. Ebba se sienta al lado de Corinna.)

Mika: Por más que desapruebe este tipo de situaciones, es de suma importancia, según la Madame, entablar relaciones. *(Sonríe de manera incómoda.)*

Katja: *(Entusiasmada.)* ¿Quién va a empezar?

Corinna: Creo que Tova quería decir algo. *(Se ríe con malicia.)*

Frieda: *(Observa a Tova y la tranquiliza con su mano.)* ¡Yo voy a empezar! Me llamo Frieda, tengo 27 años y nací en Francia. No tengo familia; mis padres murieron fusilados por esconder judíos en el granero; yo estaba en el río cuando escuché los disparos. Conocí a Shiobhan y desde entonces he estado con ella. *(Alzando la voz.)* Y Tova no habla desde que llegó a la casa, así que, por favor... *(Volviendo a ver a Corinna.)* ... evitemos cualquier tipo de comentario que pueda resultar ofensivo.

(Tova baja su mirada con vergüenza.)

---

2. https://es.wikipedia.org/wiki/F%C3%BChrer

Katja: ¡Yo!... *(Sonríe.)* Soy "Katia" no "Katja", tengo 17 años, 4 de estar aquí. Mi familia fue deportada de Centro América porque mi abuelo era alemán. Como nuestro apellido aparecía en las "listas negras", fuimos intercambiados. Mi papá y hermanos subieron a un barco a los Estados Unidos y mi mamá y yo terminamos aquí. Ella murió y... Shiobhan me rescató. *(Hace una pausa larga.)* ... Y estoy muy feliz de tener a una nueva hermana. Especialmente después de lo que le sucedió a Aurora... No pensábamos volver a ocupar el cuarto. *(Sonríe nerviosamente.)*

Ebba: Disculpen... ¿Quién es Aurora?

Corinna: *(Sarcástica.)* Era...

Mika: *(Disgustada.)* Nadie que valga la pena mencionar. Ahora tú estás aquí... continuemos...

Corinna: Mika... ¿Por qué no hablas de tus años de gloria en los campos de trabajo? *(A todas.)* Ella mataba mujeres en Ravensbrück... ¡Oh sí! Escuché a Shiobhan la primera vez que estuviste en su oficina...

Frieda: Corinna... *(Suplicante.)* ¡Basta!... ¿Por qué no le cuentas a Ebba un poco de ti?...

Corinna: *(Cortante.)* Yo no tengo nada que decir.

Frieda: ¡En ese caso!... *(Volviendo a ver a Ebba.)* ¿Te gustaría compartir algo con nosotras?

Ebba: Yo... ¿Cómo hacen?... Para hacer lo que hacen y...

Corinna: ¿Y vivir como si nada hubiera pasado?...

(Ebba asienta con la cabeza.)

Corinna: ¿Prefieres morirte de hambre? ¿O dormir en medio de la calle? Aquí somos familia, querámoslo o no. Nos tenemos la una a la otra... Ya te acostumbrarás.

Katja: Yo cierro los ojos y pienso en el mar, ¡es fácil!... Bueno... Al inicio costó, pero después de practicar por un tiempo, hasta puedo sentir las olas acariciar los dedos de mis pies.

Frieda: Si le agradas a uno... ¡Conquístalo! Es mejor ser visitada por los mismos. Terminas más rápido y... poco a poco te llegas a encariñar.

Corinna: Y no olvidemos las propinas. ¡Esas guárdalas para ti! Después puedes comprarte cigarrillos y vodka.

Katja: O un delicioso conejo...

Mika: Nunca se habla, nunca se niega y nunca PERO NUNCA debes mostrarte como una mujer débil. ¿Quedó claro?

Ebba: Sí... gracias.

Mika: ¡Toma! *(Le entrega un violín.)* Órdenes de Shiobhan.

Katja: *(Sorprendida.)* ¡Toca, toca, toca!

(Ebba titubea un poco. Luego accede y toca el violín. Mika permanece en una esquina de pie. Las demás toman del vino y bailan.)

Voz: Esa fue la primera vez después de tantos años que saboreé un atisbo de alegría en la silueta de mi boca. Entendí entonces a lo que se refería Shiobhan... No se trataba de entablar una conversación, si no... Un regresar a la libertad... Esa que se nos fue arrebatada de las manos tan injustamente. Mika, Corinna, Tova, Katja, Frieda... fuimos libres esa noche, esa mágica noche... ¡Sí!... Había encontrado un nuevo hogar.

(Al día siguiente, 7 de la noche.)

(Ebba boca abajo. Un hombre gimiendo sobre ella. Ebba llora.)

Hombre 1: *(Golpeando su rostro.)* ¡Cállate! ¡Que te calles dije! No pagué en rublos para escucharte lloriquear...

(Ebba muerde la almohada intentando hacer silencio.)

Hombre 2: *(Desde fuera golpeando la puerta.)* ¡Apúrate cerdo!

Hombre 1: *(Gritando desesperado.)* ¿Qué sucede? Ni mi tiempo ni yo hemos terminado.

Hombre 2: ¡Voy yo!

Hombre 1: *(Vuelve a gritar mientras acelera el ritmo.)* ¡Ya, ya, ya, ya! *(Termina y tira a Ebba a un lado del cuarto.)*

(Entra Hombre 2. Empuja a Hombre 1. Le arroja el pantalón y los zapatos fuera de la habitación. Hombre 1 ríe.)

(Mika camina por el pasillo que da a los cuartos. Hombre 1 la observa y se acerca. Mika baja su mentón. Hombre 1 se ríe sarcásticamente. Después de un par de segundos se va. Mika permanece inmóvil. Está muy asustada. Suspira y entra al cuarto de Shiobhan.)

(Hombre 2 se quita los pantalones y la camisa.)

Hombre 2: Ven... ¡Ven!

(Ebba resistiéndose se acerca lentamente.)

Hombre 2: Tal como dijo Shiobhan... *(La acuesta en la cama y le besa el cuello mientras le levanta el vestido.)*

(Ebba intenta no llorar, pero gime de dolor.)

Hombre 2: *(Sentándose en una orilla de la cama.)* ¿Es tu primera noche verdad? *(Saca un cigarrillo.)* No voy a mentir... me encantaría sumergirme dentro de tu piel, pero por lo que veo Charles no tuvo piedad y... ¿quién soy para cometer un acto tan atroz? Vengo a purgar mi consciencia, no a crear nuevos pecados.

(Ebba llora asustada.)

Hombre 2: ¡Ya, ya, ya! Tranquila... Hay más mujeres que burdeles, sobre todo en Alemania.

(Hombre 2 la observa. Saca dinero de los bolsillos de su pantalón y lo tira en la cama.)

Hombre 2: Nos volveremos a ver. *(Se marcha.)*

(La puerta se abre y entra Shiobhan. Ebba tirada en la cama llora dando la cara a la almohada.)

Shiobhan: Tenía sólo 13 años cuando mi madre me arrojó a una manada de fieras. *(Pausa.)* No me pude mover de la cama en una semana. Sí... me hice mujer en ese momento y aprendí que mis pechos tenían valor y que mi vulva alimentaba a una familia de 6. ¡El insignificante cuerpo de una mujer es tan poderoso si se utiliza adecuadamente! Crecí... Nunca supe lo que era el amor o esa absurda ilusión que siente un joven al enamorarse... ¿Qué es eso? *(Pausa.)* ¡Sobrevivencia, querida! Este mundo es un lugar maldito y nosotros somos su peste, aferrándonos a una falsa y vana idea de libertad... La única libertad que encontrarás está en esta casa. Afuera sólo hay cadáveres apilados. Aquí... un cierto afecto cada mañana. *(Volviendo a ver a Ebba.)* Una semana, no más que eso. *(Se va.)*

(Tres días después.)

Mika: *(Cargando sábanas mientras camina por el pasadizo que da a los cuartos.)* ¡Es hora! A levantarse. Nadie hará el desayuno si están en la cama y hoy hay mucho por hacer. *(Alzando su voz.)* Katja, Frieda, Corinna, Ebba. ¡Todas! *(Pausa)* ¡Ya!

(Tova sale de uno de los cuartos mientras se rasca los ojos somnolienta.)

Mika: ¡Toma! *(Le entrega las sábanas.)* Ve a tenderlas para que estén secas antes de mediodía. *(Tova hace a marcharse.)* Tova... *(Con desprecio se acerca y le agarra la cara.)* Ve a despertar a Corinna. ¡Sabes cómo odio tener que entrar a su cuarto!... especialmente por las mañanas. *(La observa irse.)*

(Mika se percata que nadie esté cerca y, sigilosamente, abre la puerta del dormitorio de Shiobhan.)

Frieda: *(Interrumpiendo.)* ¿Qué haces?

Mika: *(Nerviosa.)* Lo que yo haga no es de tu incumbencia, Frieda... ¡Ahora déjame! Shiobhan no viene hasta en un par de horas.

Frieda: *(Acercándose.)* Es prohibido entrar al dormitorio de la Madame... tú más que nadie deberías saberlo... ¡Ten mucho cuidado!... No debiste haber salido de tu cuarto anoche. Escuché cuando hablabas con Shiobhan en la madrugada... Eres privilegiada, hermana... no olvides eso.

Mika: ¿No estás cansada de husmear?... ¡No sabes nada! No somos hermanas. Compartimos un infierno del cual no podemos salir y mi sentencia es ver tu patético rostro todos los días. Lo que yo haga es mío y de nadie más. Estoy harta de que sigas mis huellas como un asqueroso sabueso. ¿O acaso ibas a delatarme? Eres una repugnante prostituta francesa... igual de repugnante que todos ellos... *(Con desprecio.)* Constanze.

(Frieda le da una cachetada a Mika. En ese momento aparece Ebba.)

Frieda: *(Incorporándose)* ¡Vaya! Por fin se atrevió a salir... *(Sonríe.)*

(Ebba las observa detenidamente.)

Mika: Si dices una sola palabra de lo que viste te corto la cara mientras duermes.

Frieda: Acompáñame, Ebba... No viste nada porque no pasó nada. Vamos a ver si Katja recogió los huevos para el desayuno. Te enseñaré a hacer un delicioso Semmel.

(Ebba y Frieda se marchan. Al llegar a la sala Katja pone el tocadiscos y baila con Tova.)

Katja: ¡Ven Ebba!

(Ebba vuelve a ver a Frieda en busca de aprobación.)

Frieda: *(Sonríe.)* No me mires así, ¡ve!

(Ebba, Katja y Tova bailan y ríen. Después de un tiempo Corinna corre hacia ellas.)

Corinna: *(Angustiada)* Apaguen la música ¡ya! ¡Es Shiobhan!

Frieda: ¡Imposible! Aún faltan horas para que llegue.

(Se escucha la voz de Shiobhan a lo lejos. Frieda detiene la música.)

Shiobhan: Le prohíbo entrar a mi casa... ¡Charles! es propiedad privada.

Charles: ¡Por favor, Shiobhan!... ¿a quién quieres engañar?... Un cochino burdel de pueblo.

(Charles abre la puerta. Shiobhan corre detrás de él.)

Charles: ¿Cuál de todas es? Estoy seguro de que la vi. Jamás olvidaré ese rostro. *(Observando a cada una de las mujeres.)*

(Charles entra a los dormitorios. Shiobhan, horrorizada, intenta calmar a las jóvenes. Charles sale de uno de los cuartos agarrando con fuerza el brazo de Mika.)

Shiobhan: *(Grita.)* ¡No! Llévame a mí... ella no ha hecho nada... ¡Oh, Dios! ¡Ayúdanos!

Charles: *(Callando a Shiobhan.)* ¡Ajá! Aquí está la mosca de mi pastel... Irma Ryan Braunsteiner... Queda usted bajo arresto... Muy probablemente no veas el amanecer, mosquita.

Shiobhan: *(Desesperada.)* ¡Ten piedad por favor! *(A Mika.)* ¡Perdóname!

Charles: *(Sacando una pistola de su bolsillo.)* No hay Dios que escuche las plegarias de una prostituta... ¡Haré que cierren esta porqueriza!... ¡Esconder cerdos, Shiobhan!... *(Mientras le recorre con el arma las piernas a Mika.)* A ella la haré sufrir por cada uno de sus crímenes, pero a ti... *(Apunta con el arma y dispara.)*

Voz: Pasaron días, semanas, meses... Un vendedor de leche le pareció ver a Mika abordar un barco y un carnicero vio su cuerpo colgar de un roble en las afueras de la ciudad. Nunca supimos qué fue lo que verdaderamente sucedió y los hilos tan delgados que unían nuestros pechos se abrieron como grietas en los pies después de caminar descalzos por el desierto. Unas sufrieron más, otras sólo callaban. Pero Shiobhan... la roca que unía cada uno de nuestros cuerpos... se quebró. Y al erosionarse, la casa se caía a pedazos. La bala sólo tocó tejido muscular... aunque, estoy segura de que la

vi morir esa mañana.

...

(Frieda sale del cuarto de Shiobhan con un plato lleno de comida en su mano.)

Frieda: *(A Katja.)* ¡Lo lamento!... Hoy tampoco quiere comer.

Katja: ¿Qué hacemos, Frieda? Nunca la había visto así... ni siquiera después de Aurora...

Frieda: *(Confortándola.)* Necesita su espacio. *(Pausa.)* Mika era una de sus hijas y... ¿sabes?... Detrás de ese caparazón existía nobleza. Shiobhan lo vio en cada una de nosotras...

(Corinna, desesperada, entra al cuarto de Shiobhan.)

Corinna: ¿Es cierto?

Shiobhan: Corinna...

Corinna: ¡Esta es mi casa! No puedes hacerme esto, no a mí...

Shiobhan: La decisión fue tomada.

Corinna: *(Gritando.)* ¿Qué somos para ti? ¿Qué somos?

Shiobhan: No tuve opción. Eso que llevas dentro...

Corinna: *(Interrumpiendo.)* Nos hemos hecho cargo antes... ¿O acaso ya no te acuerdas?

Shiobhan: No se habla más.

Corinna: Siempre hay opciones, pero sacrificarnos es lo que te resulta más fácil.

(Corinna sale del cuarto. Tiene mucha cólera. Frieda intenta abrazarla.)

Corinna: ¡Suéltame! *(Se va.)*

(Aparece Ebba preocupada.)

Ebba: ¿Está todo bien? Escuché a Corinna desde mi cuarto...

Frieda: Todo está bien.

Ebba: Pero...

Frieda: Vete.

Ebba: Frieda...

Frieda: Vete.

Ebba: No... no quiero. ¿Acaso no merezco un poco de verdad? Hay tantas cosas que no sé... ¿Quién era Aurora? ¿Era importante? ¿Era una de nosotras? Yo también vivo aquí todos los días. Yo también sufrí cuando se llevaron a Mika.

Frieda: He dicho que te vayas.

(Ebba se dirige al cuarto de Corinna.)

Corinna: ¿No te cansas verdad?...

Ebba: ¿Qué pasa? ¿Qué está sucediendo?

Corinna: ¿De verdad quieres saber quién era? *(Acercándose.)* Tenía tu edad y tu estatura... duermes en su cama. ¿De quién crees que es la ropa que llevas puesta? *(Con desprecio.)* No eres nada parecido a ella. *(Alejándose un poco.)* Aurora... Es la primera vez que digo su nombre después de tanto tiempo. Ella, era mi luz... No la pude salvar. Una noche, después de trabajar fui a su cuarto y, esa única vez, uno de los del Ejército Rojo no había salido de la casa. Entró al dormitorio y nos vio... Un beso fue suficiente... Al otro día, regresó. *(Pausa.)* Ella era tan frágil... No sólo volvió el hombre de la noche pasada... eran 5, 6... No recuerdo bien. Shiobhan intentó detenerlos, pero fue imposible. No aguantó... La destrozaron viva.

Ebba: ¡Lo siento!

Corinna: Deberías irte lejos, no perteneces aquí... Ninguna de nosotras corresponde a esta pocilga. La guerra nos trajo acá Ebba, no lo olvides. Shiobhan siempre ha vivido de esto, alimentándose de mujeres como nosotras.

Año tras año o ¿acaso pensaste de verdad que estarías a salvo? ¿Eres tan ingenua?

(Ebba intenta hablar. Está confundida. De repente, Tova entra al dormitorio.)

Corinna: *(A Ebba.)* Ahora déjanos.

(Corinna y Tova solas en el dormitorio. Corinna saca una caja pequeña y se la entrega a Tova.)

Corinna: Dólares y rublos... Suficiente para un par de meses. ¡Mírame! ¡Mírame! ¡Escóndelo bien! ¡Que nadie sepa jamás que lo tienes!

(Ebba camina por el pasillo. No sabe hacia dónde dirigirse. Quiere entrar al cuarto de Shiobhan, pero no lo hace... Se regresa, lo piensa dos veces... está confundida. Se agarra la ropa con cólera. Camina de un lado a otro sin saber qué hacer. Se siente atrapada, aplastada por la casa, asfixiada por la ropa, por la impotencia... No puede más... cae al suelo. Es de noche, muy de noche. No ve nada. Llora.)

(Varios días después.)

(No hay luz. Se escuchan detonaciones a lo lejos causadas por los Aliados.)

Frieda: *(Debajo de la mesa abrazando a Tova)* ¡Katja, Ebba!

Katja: ¡Estamos aquí! Shiobhan no sale de su cuarto. No veo nada... ¿Dónde están?

Frieda: Debajo de la mesa... ¡Quédense ahí! ¿Y Corinna? ¿Dónde está Corinna?

(Tova tiembla emitiendo pequeños sonidos. Está muy asustada.)

Ebba: *(Gritando.)* ¡Corinna! ¡Corinna!

Corinna: *(A lo lejos, sosteniendo una candela)* ¿Dónde está Tova? ¡Tova! ¡Tova!

Frieda: ¡Aquí! Busca refugio, Corinna...

(Katja empieza a llorar. Ebba la abraza. Después de un rato se escucha el sonido de soldados acercándose.)

Frieda: Shhhhh...

(Corinna apaga su candela. Se abre la puerta y aparece Hombre 2. Camina en la oscuridad. Observa a las mujeres escondidas debajo de la mesa. Luego ve a Ebba y se acerca.)

Hombre 2: ¡No hay nadie comandante! Ya la casa fue saqueada.

(Hombre 2 se marcha. Los pasos se alejan.)

(Tres días después, por la tarde.)

(Frieda sentada en una silla trenzando el pelo de Tova. Katja les lee un libro. Ebba recostada en un sofá. Entra Corinna con una carta.)

Corinna: ¡Felicidades! Iba a esperar un momento más inoportuno para darles la noticia, pero no pude aguantarme las ganas. *(Se acerca y tira una carta justo donde están las demás.)* A partir de hoy somos prostitutas desempleadas.

Frieda: *(Deja de trenzar.)* ¿Qué dijiste?

(Ebba abre el sobre y lee en voz baja...)

Ebba: ¡Es aquí!... ¡Es esta dirección!

(Frieda le arrebata la carta.)

Corinna: Aparentemente Charles O'Sullivan, el hombre que se llevó a Mika, es hermano del general inglés John O'Sullivan, el cual, a partir del día de hoy, prohíbe los llamados "servicios de entretenimiento" de este burdel. La causa: esconder a la prófuga Irma Ryan-Braunsteiner. Si se desacata su orden cada una de nosotras será enemiga de la ley y... *(Pausa.)* sentenciada a la horca. *(Aplaude.)*

Katja: ¡No puede ser! Ahora que Shiobhan está mejorando... ¡Esto no puede ser cierto!...

Corinna: ¡Lo es! Y yo... no voy a estar aquí para ver como ustedes, roedores, sucumben.

Frieda: ¿Qué quieres decir?

Corinna: ¡Por favor! No es evidente... Aurora, muerta, Mika muerta, Shiobhan nos abandonó... ¿Qué es aún peor? ¿Quién sigue? Cada día hay más saqueos, no hay trabajo, no hay dinero y los pocos hombres que quedan sólo quieren usarnos para luego tirarnos a la calle. Bedrick ofreció hacerme su esposa, sí... Ese decrépito, pero con dinero, se mudará a las afueras de la ciudad y yo... necesito desintoxicarme... rodeada de flores y animales silvestres. Esperando su muerte para heredar su fortuna. Lejos de aquí. El que cerraran la casa fue sólo un regalo del destino para mí. Ya no tendré que ver sus pálidas caras cada mañana. *(Sonríe.)*

(Tova sale corriendo.)

Frieda: ¡No tienes corazón!

(Katja va tras Tova.)

(10 días después.)

(Todas, excepto Corinna, sentadas a la mesa. Llega Katja sosteniendo un sopero.)

Katja: Caldo y verduras. *(Lo sirve con descuido sobre cada uno de los platos.)* Y mañana también, caldo y verduras... y el día siguiente, y el que sigue... hasta que no quede absolutamente nada más que comer y tengamos que cazar las cucarachas y las lombrices del jardín. Ese día tendremos caldo con cucarachas y lombrices.

Frieda: Algo se nos ocurrirá. Hay burdeles afuera de la ciudad. Podríamos ir...

Katja: *(Interrumpiendo.)* No hemos salido de la casa en todos estos años. Lo único que conozco está aquí y la última vez escuché a los soldados hablar... Somos ratones, nos arrancarían la piel con sólo abrir la puerta.

Frieda: ¡Hay soldados buenos también Katja! No podemos morirnos de hambre dentro de estas paredes. La casa no nos salvará siempre.

Ebba: Yo iré.

Katja: ¿Estás loca?

Ebba: No. Yo conozco Berlín. Viví años en los mercados. Ustedes no son de aquí, yo sí.

Frieda: ¡Es muy peligroso!...

Ebba: No importa. De verdad...

(Tova se levanta de su silla y la abraza.)

Shiobhan: *(Interrumpiendo.)* ¡Basta! *(Se acerca lentamente con un bastón. Toma asiento viendo a Katja.)* No te quedes ahí parada, tráeme un tazón, que las viejas también comemos. ¿De qué hablan? *(Ninguna responde.)* ¿Frieda?

Frieda: Ya casi no hay comida... ¡estamos preocupadas!

Shiobhan: Ya veo.

(Todas comen en silencio.)

(Esa misma noche, Ebba caminando por el corredor. Está cubierta, apenas se distingue su rostro. Sale de la casa.)

(Frieda entra a la sala. Shiobhan sentada en el sillón.)

Frieda: Madame...

Shiobhan: No Frieda... No quiero escucharte.

Frieda: Pero...

Shiobhan: Un par de meses sin mí y ya la casa está hecha una desgracia. ¿Qué te he enseñado todos estos años? Como la mayor debes hacerte responsable. Y mira sólo como me pagas... *(Imitándola.)* ¡No hay comida!

(Después de unos segundos de silencio, Frieda habla.)

Frieda: ¿Nunca voy a ser ella verdad? Nunca vas a mirarme como a ella, ni amarme como la amaste a ella, ni darme el mérito que le diste... ¡Yo siempre estuve ahí madre! ¡Y no te bastó!... Me reemplazaste como si fuera un pedazo de carne. ¿Por qué no tirarme a la calle?

(Shiobhan permanece callada.)

Frieda: ¡Di algo!

Shiobhan: Es cierto.

Frieda: ¿Qué?

Shiobhan: Hubiera preferido que te hubieran llevado esa mañana... que hubieras sido tú en su lugar... Acaso no te he dado todo...

Frieda: ¡Dejaste que mataran a Aurora! ¡Vendiste a Corinna! Y tu querida Mika debe de estar pudriéndose en un barranco... ¿Quién más Shiobhan? ¡Quién es la próxima víctima!

Shiobhan: *(Colérica.)* Les di comida, les di una cama y hasta una familia...

Frieda: Un destino miserable. Hubiera sido mejor ser violada fuera de esta casa, sin tener que lidiar con cada una de ustedes... sin pretender que todo está bien cuando afuera nos bombardean y matan todos los días. ¿Por qué retrasar lo inevitable? Esta casa se cae a pedazos y a nosotras nos exterminan como a ratas. Nadie nos escucha y tú nos abandonas cuando más te necesitamos.

(Shiobhan agarra a Frieda y la acerca a la fuerza. Intenta besarla.)

Frieda: ¡Déjame! ¡No más! No más de tú casa, no más de tu patética figura de madre. ¡No más! Ninguna mujer puede salvarse... ni siquiera tú.

(Frieda rompe en llanto y se marcha del salón. En la puerta se topa a Corinna que lleva un maletín.)

Frieda: ¿También te vas? *(Corinna calla. Frieda sale del salón.)*

(Corinna ve a Shiobhan. Ambas se ven. Entra Tova. Se queda viendo a Corinna a lo lejos. Intenta decir algo, tartamudea un poco. No logra decir nada. Corinna la ignora y se va.)

(En medio de la noche Ebba regresa. Camina por el pasillo. Tiene moretones en su cara.)

(Al mismo tiempo...)

(Está oscuro. Tova entra a su cuarto. Cierra la puerta. Se quita los zapatos, la enagua y la camisa. Se suelta el cabello. Saca una soga que está debajo de su cama. La cuelga del techo. Acerca una silla justo debajo de la soga. Se sube a la silla. Coloca la soga en su cuello. Espera unos segundos. Suspira. Lo piensa... Katja, que camina a su dormitorio, ve la puerta cerrada. Toca varias veces. No hay respuesta. Intenta abrirla con fuerza. No puede hacerlo. Grita por ayuda. Después de unos segundos Katja logra abrirla. Tova se deja caer. Katja corre hacia ella. Grita. Ebba escucha y corre. Katja y Ebba intentan bajar a Tova. No lo logran. Tova deja de moverse. Frieda entra al cuarto. Grita horrorizada. Lloran... Las tres lloran desconsoladamente.)

(Días después...)

(No se hablan, no es necesario. Apenas pueden comer. Deambulan por toda la casa. Se escuchan disparos. No se resguardan. Ya no hace falta la palabra. Ebba vuelve a irse.)

(Al día siguiente.)

(Las tres en la sala. Shiobhan en una esquina observa sin que nadie se entere que está ahí.)

Ebba: Philippe... Así se llama el soldado que nos salvó el día que iban a saquear la casa.

Frieda: Ebba...

Ebba: Ya había venido antes... ¡Fue bueno!... Le gusté.

Frieda: Basta...

Ebba: *(Ignorándola.)* Él nos ha estado alimentando todas estas semanas... Y ofreció sacarme de aquí. Me voy en tres días.

(Katja llora.)

Ebba: *(Confortándola.)* Hay barcos... saliendo y entrando de Alemania cada semana y... pocas cocineras. Philippe puede arreglar tu salida. Cualquier lugar es mejor que aquí. ¡No estamos a salvo! Quizá puedas regresar a tu hogar...

(Katja se limpia las lágrimas. Respira profundo... Shiobhan se va.)

Katja: ¿Y Frieda?

Frieda: *(Habla con dificultad.)* Yo pertenezco aquí... no me voy a ir. Shiobhan me necesita y yo debo pagarle todo el tiempo que cuidó de mí.

Ebba: ¿No estarás hablando en serio? ¿Verdad?

Frieda: No se discute más. Es lo que yo quiero.

(Se escucha música proveniente del cuarto de Shiobhan. Luego gritos y el sonido de un espejo que se quiebra; adornos, tazas, todo se quiebra... Sale del cuarto cubierta de sangre apoyándose de su bastón. Está cortada. La observan con miedo.)

Shiobhan: ...Todo este tiempo les he dado cada gota de mi vida. Las he cuidado como si fueran de mi carne, de mi sangre, de mi vientre. ¿Y así es como me pagan?... Esta casa nos mantiene a salvo. ¡Yo soy su madre y ustedes hacen lo que yo ordene!... Están vivas porque yo así lo quiero... ¡Porque yo así lo digo!

(Shiobhan vuelve a ver la sangre de sus manos. Intenta gritar, pero no le sale la voz. Se tropieza con su bastón y cae al suelo. Todas guardan silencio.)

Voz: Shiobhan volvió a sumergirse en los escombros de su cuarto. ¿Quién fue Shiobhan? Eso... nunca lo sabré. ¿Y quiénes fueron cada una de estas mujeres? Quizá de verdad nos amamos, quizás no. Quizás fuimos "hermanas" por un tiempo para no volvernos locas. Llegó el día.

(Philippe en la puerta con el maletín de Ebba en la mano. Ebba le entrega una pequeña caja a Frieda. Katja está en la puerta justo al lado de Philippe. Ebba camina hacia la puerta a través del pasillo, vuelve a ver hacia atrás. Observa por última vez a Frieda y a lo lejos, la silueta de Shiobhan.)

(Sale de la casa.)

A partir del año de 1942 el gobierno costarricense construye campos de concentración para Alemanes - costarricenses, bajo la entrega de las llamadas listas negras cientos de familias en toda Latinoamérica fueron deportadas e intercambiadas para ser enviadas a Alemania. Dentro de estas familias, mujeres latinoamericanas... mujeres alemanas, mujeres nietas, mujeres hijas, mujeres esposas... Costa Rica no es ajena a esta historia.

...

Dedicado a todos aquellos que sufrieron y sufren en silencio a causa de la guerra, aquellos que gritan sin ser escuchados, sus voces, extinguidas... hoy, vibran.

FIN